修復關係，成為更好的自己

【修訂版】

Bowen家庭系統論與案例詮釋

邱淑惠 博士 著

包文家庭系統理論在台研究及運用中心負責人 江文賢 博士 審定

〈審定序〉

問題不在做法，而是做法背後的想法

包文家庭系統理論在台研究及運用中心負責人／江文賢 博士

場景一：小二的阿明在學校跟同學打架，情緒暴走；場景二：父母親在家庭激烈口角，並揚言要離婚；場景三：父母親共同面對孩子在學校的不當行為。面對這三個場景，一般人可能會說場景一的小孩需要學習情緒控管，場景二的父母需要好好溝通，至於場景三，或許會說他們是一對盡責的父母親。但是，這三個看似各自獨立的場景，卻也可能相互關聯，形成一場永不停止且不斷循環演出的戲碼：阿明常常在家目睹父母情緒高漲的爭執，他自然會被這些情緒張力所影響，並且持續在他平常的生活上發酵，一旦跟同學有所摩擦，他很自動地就會以發飆來釋放內在的情緒壓力，而當他的暴走行為引起學校關注，要求父母共同來處理時，父母便會很有默契地不再為兩人間的問題爭執，反而能夠共同合作來陪伴阿明走過他的情緒風暴，直到下次父母又開始有了更強烈、更頻繁的激烈衝突……。

包文（Bowen）家庭系統理論就是要引導大家能夠從近距離的高倍率鏡頭（只看得到一個人的對或錯），適時地切換到遠距離的低倍率鏡頭（看得到彼此之間的關聯性），如此對於問題解答往往就能產生更多元的切入點。這就像是籃球場上的教練，除了平時要對每個球員因材施教之外，在球賽過程中，也要能夠指導球員看懂自己在球場上與其他人的相關角色與功能，讀懂彼此之間的相互影響與各種變化，然後發展出適合這場球賽的有力戰術。反之，如果你只看到個人、看不到個人與群體的關係，你將有可能迷失在永無止境地技術學習，然後在挫敗中繼續挫敗。我們每個人都活在關係中，若能看懂關係，就更容易找到其他出路。

包文家庭系統理論是透過長年對家庭的研究，歸納出所有人類關係普遍存在的樣貌，一旦你能夠看懂這些關係樣貌，你將更有機會擺脫受這些關係樣貌的無意識牽引，藉由自己的努力，將關係提升到更為成熟的境界，如此關係系統中本來有症狀的個體，也會因為你對關係的改善，免除症狀的困擾。

包文家庭系統理論是近幾十年來，一直影響著許多家庭治療師的思維，並且改變人類對於問題的單一因果看法，只可惜目前台灣能夠學習這套系統思考觀點的機會不多。如今邱教授願意貢獻她的專業知識，撰寫這本淺顯易懂的自我成長書籍，帶領讀者拋棄過於簡化的因果線性思考，進入家庭系統思考的多元觀點，從而讓你發現更多處理家庭問題的可能性。

期待你可以拋開過去想法，享受邱教授這本書帶給你的大腦思考刺激。

〈推薦專文〉

瞭解症狀的意義——家庭系統的循環互動模式

國立臺中教育大學諮商與應用心理學系副教授／羅明華

從事兒童諮商的教學與實務工作多年，經常看到家長帶著症狀兒童前來求助，聽著家長沉痛的敘述孩子在學校種種不適應的行為，卻對孩子的遭遇苦無計策。從家庭系統的觀點來看，當孩子出現症狀時，意味著整個家庭系統失去平衡，面臨崩解或破壞的危機，症狀行為只是系統壓力的暫時性出口。當兒童出現症狀時，家庭成員一起解決危機，表面的壓力暫時得以解除，直至下次失衡再度發生。因此被認定的症狀兒童，往往只是系統的代罪羔羊，真正問題出在家庭成員之間僵化與失序的互動。

曉彤自這學期開學以來，經常哭鬧著不肯上學，一進到教室上課就出現頭痛、胸悶、嘔吐等不適的症狀，並要老師立刻打電話給母親帶她返家。經老師進一步瞭解後發現，原來曉彤的父母，幾個月前曾因父親的外遇事件大吵一架，母親負氣之下拿刀割腕緊急送醫。平常白天父親外出工作，僅母親一人在家，曉彤擔心母親可能再度想不開，因而在學校不自覺的出現懼學、焦慮的症狀，認為自己如果生病留在家中，或許可以避免憾事發生。

哲明在學校經常發脾氣，每當老師或同學指正他的行為時，他就大發雷霆，甚至將課桌椅都打翻，哲明在學校沒有朋友，人際關係不佳。輔導老師入班觀課後發現，哲明因動作發展較遲緩，經常因抄寫聯絡簿或習寫練習題動作太慢，而被老師催促或責備，有時老師會禁止他下課，留他在教室抄寫。甚至好幾次因分組競賽成績不理想，全組同學都被禁止下課，引發同學對哲明更多的抱怨和不滿。輔導老師指出此一現象後，導師瞭解原來自己的求好心切，帶給哲明很大的壓力，而班上同學長期觀察導師跟哲明的互動語言，無形中也學習導師的訓誡口氣跟哲明說話。於是導師改變跟哲明的互動方式，當哲明跟不上時，導師會跟哲明說：「沒關係，慢慢來，我們等你。」有趣的是當同學們觀察到導師跟哲明的互動方式改變後，同學跟哲明說話的方式也開始跟著改變，不再大聲斥喝哲明的慢動作，反而能溫和的等待哲明完成。

從系統理論的觀點來看，系統中所有成員的行為都是互相影響的，正如曉彤感受到母親即將失婚的焦慮，因而在學校出現焦慮的情緒反應；另一方面哲明何嘗不是因為導師的互動方式，而遭受班上同學的指責、奚落甚至排擠。過往傳統的諮商理論認為事出必有因，當出現問題便是個體的想法、感覺或行為出了錯，這種直線性的思考方式往往將問題歸咎給個體，而未能將個體所處的系統環境納入考量。正如案例中的曉彤，如果導師未能瞭解曉彤家裡的發生的情形，就可能認為曉彤只是耍脾氣，當家長無法順利讓曉彤到校上課，便會指摘家長親職能力不足，無法處理曉彤日漸失控的行為；反之，家長則抱怨學校老師不能對孩子特殊的心理需求予以包容、接納，雙方稍有不慎，就容易演變成親師衝突。

系統理論認為所有的行為都是系統成員彼此共同建構而成的，即使是症狀行為亦然。如果能從系統中瞭解互動對彼此的影響，找出互動的模式和意義，那麼或許就能改變過往僵化的互動方式，重新採用新的互動方式，就能運作出新的系統氛圍。

淑惠教授以其多年的教學經驗，將家庭系統理論融會貫通後，撰文並推廣此理論，著實令人敬佩。她以案例故事，深入淺出的介紹家庭系統理論的概念，讀來淺顯易懂，有趣又實用。每篇章節都附有練習題，供讀者在閱讀後檢視個人的家庭、伴侶和自我的關係。這本書非常適合對親職、伴侶和自我成長有興趣的人閱讀，相信能從閱讀本書中為自己的關係做一番健康檢查，學習如何在親密的家庭和伴侶關係中保有健康快樂的自我。

〈推薦專文〉

正視內心傷痕，不再逃避

陶璽特殊教育工作室創辦人／曲智鑛

看到《修復關係，成為更好的自己》這本書時，讓我想起前段時間與大孩子的對話：在一次不預期的談話，他在我面前痛哭，眼淚怎麼樣也止不住，他告訴我想要遠離原生家庭，因為這個家讓他喘不過氣，與家人的疏離與潛意識裡深層的恐懼、憤怒與不諒解，促使他在工作幾年後的一次衝突後，毅然決然的離開那熟悉的環境，追尋自己的人生！

到底生存的意義是什麼？我認為其實活著本身就是一種意義！

這個大孩子跟我說：過去沒有什麼人知道我這樣的狀態，雖然我們久久才見一次面，但我覺得可以跟你說，你輔導的其他孩子有沒有這樣類似的經驗？他們應該怎麼辦？老師，你有沒有看過《阿拉斯加之死》（*Into the Wild*）？我覺得自己的狀態跟裡面的主角很像！

在結束這段談話後，我立刻找了這部片子來看，主角拋棄了他原本的生活追尋自己理想的生活方式。這是一個真實的故事，描述追求自我生命意義的理想主義者努力擺脫世俗的枷鎖逃離身份，而過程中他結識新的朋友，產生許多新的關係與連結，在他人生的盡頭領悟 Happiness only real when shared!（只有分享，快樂才是真的！）《阿拉斯加之死》中，主角臨終時體會到快樂的真實存在於分享，更準確的說應該是與人分享，與他人產生連結。如同《型男飛行日誌》這部電影點出：Life is better with company. The most important moments in your life...were you alone?（生命中有人同行會更好。在你生命中最重要的時刻裡……你是獨自一人嗎？）對我來說，生命的意義不僅是因為活著，這個意義同時也代表我們的生命對他人是有意義的！但也因為如此，我們常可能身陷親密關係的風暴之中。

人的情緒與行為經常是自動化反應，有時候不但傷人傷己，更可能複製錯誤示範給下一代。萬物之靈的我們其實具備選擇與判斷的能力，不論外在客觀情況如何，我們應該都能選擇更好的方式面對與化解。這跟史蒂芬．柯維主張的高效能人士的習慣「積極主動」、「知己解彼」、「雙贏思維」不謀而合。本書是能引導在不同關係中各種身份的你重新思考，調整思維與作法，正視內心的傷痕，修復人與人之間的關係，最終與重要關係人們共同成長的最佳指南！

〈目錄〉

第二部

伴侶關係——在「自我」與「我們」當中求平衡

人的一生受兩股力量拉扯。一股力量讓人想成為獨立的「自我」。另一股力量則是讓人尋求歸屬和認同，想與他人連結成為「我們」。現實生活中，這兩股力量經常是劍拔弩張。

第三部

自我分化——在關係中強調情緒界限

自我分化是指一個人能脫離對原生家庭的情緒依附，可分兩個層次：個人層次是指自我能在理智與情感中求得平衡；關係層次是指能與他人連結，但不受制於他人的情緒。

第四部 互動系統——三角關係

兩人在溝通過程中各執己見，其中一方或雙方轉向第三方尋求支持或轉移焦點，或是他人主動介入爭執。只要第三方稍有偏頗，戰火就擴及第三方，形成三角關係。

第五部 跨代傳遞——原生家庭的影響

家庭是一個複雜社會的縮影，手足關係則是個人最早的社交關係。每一個人都是帶著幼時習得的態度和焦慮印記，解讀成長後的經歷。幼時經驗形塑了個人特質。

第六部 焦慮蔓延——典型症狀

家中的慢性焦慮過高時，焦慮會找到出口。焦慮在某段關係找到出口時，關係可能出現激烈衝突或截斷。焦慮在某人身上找到出口時，他可能出現身心疾病或社交障礙。

第七部

邁向理想關係——自我分化的提升

無論現在的家庭關係如何，改善是可能的，而且最好從自己開始。當個人有能力以不委屈自己的方式與家人和諧相處，自然也能改善其他場域的人際關係，成為更好的自己。

〈自序〉

「症狀」只是問題的表象

我在大學任教，有許多在幼兒園擔任教師的在職進修學生。我們在課堂上討論如何處理孩子的特殊狀況常有無力感。老師再怎麼盡力，總是無法克服家庭方面的卡關。好不容易幫助孩子適應學校生活，一個寒、暑假過後，孩子回到學校打回原形，所有的努力回到原點。但身為教育工作者，我們知道想法不該停在「咎責」，而是找到方法與家長攜手合作。

親職教育一直是師資專業的培訓重點，但教育界總是沒能在這方面使上力。我在尋找更有效的施力點時，遇到一位應用包文（Murray Bowen, 1913-1990）理論訪談家長的教育工作者，領悟到抱持「親職教育」的思維注定成效不彰。有時家長缺的不是教養知識，而是早在幼時迷失自己，不自覺的把問題延續到下一代。以系統觀看孩子的「問題」，會發現所謂的問題只是家庭系統失衡的「症狀」。

我有幸斷斷續續觀察幼教實務工作者與家長訪談，並實際應用包文理論協助家長看懂夫妻關係失衡如何牽扯孩子形成三角關係後，他們的反應通常是震驚的，但鎮定後是積極尋求改變，為了孩子，為了自己，家長有強烈的動機成為更好的自己。那麼，我接下來的努力方向就很明確，把包文的家庭系統論推廣給所有的教師、家長，以及任何有意與家人和平相處的讀者。

台灣已有許多家庭諮商師嘗試把原屬於家庭諮商領域的專業知識，推廣給一般讀者。坊間已有薩提爾（Virginia Satir, 1916-1988）、米紐慶（Salvador Minuchin, 1921-2017）、李維榕等家庭諮商大師的作品。薩提爾分享了溫暖同理的溝通技巧，米紐慶和李維榕師徒則以生動的案例讓大家瞭解家庭結構，很多家庭問題都根源於父不父、子不子，家庭角色錯置。這些作品易讀好懂，但少了理論為依據，讀起來總有見樹不見林的遺憾。

這本書的目的是為了要補足這個缺口。我試著把包文的理論以淺顯的方式搭配案例詮釋。理論讓我們瞭解家庭運作的共通性，可以更全面的方式瞭解自己的處境。本書的案例有少數是諮商大師提出的知名案例，大部分是個人觀察實例的紀錄，都已經過大幅修改，保護當事人隱私。讀者閱讀時，若覺得與自己或身旁的人事相近，那是因為家庭問題本來就有許多共通點，相似的家庭故事一再重複上演。

我把這本書定位為「自我成長」之書。閱讀此書，透過包文的理論，我們可以瞭解自己如何糾結在關係當中。家庭中的真實血淚，包文的理論早已清楚分類成幾種典型，並闡述問題的根源。我們每個人都可以透過改變自己與家人的互動，修復家庭關係，得到自己內心的平靜和諧。

家庭系統論的開創者：莫雷・包文

理論是看事情的架構，讓我們不至於迷失在細節的叢林。

家庭諮商的理論與技巧，奠基於過去實務工作者在精神醫學、團體治療、兒童輔導、婚姻諮商，以及思覺失調治療領域的努力成果。家庭諮商的創始者之一，莫雷・包文（Murray Bowen）就是一位擅長治療思覺失調患者的精神科醫生。與其他家庭諮商開創者不同的是，包文投注非常多的心力發展家庭諮商的理論基礎。直至今日，包文的家庭系統論仍是家庭諮商領域中，概念最為周全的理論。

包文以宏觀的視野，採用層層相關的系統概念，透過生命演化的角度點出人和動物的共通性：行為受本能主宰的情緒系統支配。生物對環境刺激有許多本能反應，當本能不足以應付多變的環境時，生命逐漸演化發展出感覺和理智系統，讓個體面對外在環境的挑戰，反應得以更為多元且更有彈性。這樣的觀點在腦神經科學研究領域也可以找到相呼應的證據。

人雖自詡為萬物之靈，行為仍經常不自覺的任憑本能支配。在現代的人際互動中，本能反應常跟不上時代需要，許多家庭問題就肇因於家庭成員過度依賴本能去處理彼此的關係。家庭系統論的核心精神，就是協助我們看清，依賴本能互動的家庭會出現哪些類型的徵狀；要維持理想關係，又該如何讓新進演化出的感覺和理智系統發揮該有的功能。

包文的家庭系統論植基於他的實務工作觀察與驗證。一九四六～一九五四年，包文於梅寧格診所（Menninger Foundation）開始臨床生涯，主要治療對象是思覺失調患者與其母親。當時他觀察到患者與母親無法適應現代生活的「共生關係」，也就是患者無法脫離母親成為獨立的個體，好像樹上的種子，遲遲無法落地發芽。

後來包文離開梅寧格診所轉往美國國家心理衛生研究院（National Institute of Mental Health），開創一個創新方案（一九五四～五九），讓思覺失調患者與其所有家人一起住院治療，並觀察患者與家人間的互動。藉由這個觀察，他拓展母子共生的概念，納入父親的角色，提出「三角關係」概念。也就是當兩人有衝突時，常拉進第三者，以轉移兩人的衝突。父母有衝突，常由思覺失調患者扮演轉移父母衝突的第三者，而這些家庭成員彼此間的互動反應經常是不自覺的。

包文離開國家心理衛生研究院後，轉入喬治城大學醫學院擔任精神醫學教授，並且主持自己創立的家庭諮商專業訓練，並持續發展修正他的家庭系統論，一直到一九九〇年因肺癌過世。在這期間他也擔任美國家族治療協會（American Family Therapy Association，1978-1982）的第一任主席。包文的研究興趣一直是人的互動，注意家庭系統失衡又如何讓系統內的成員發病，以及發病前的細微徵狀，而非忽略相互關聯的變因，採取頭痛醫頭的治療方式。他的系統觀強調人的生理、情緒和人際是相互關聯的，認為只看單一個面向的醫學終究只是走向死胡同。

第一部

家庭系統

——著重互動關係

在關係中一切都是相互的。互動模式改變，關係也會跟著改變。每個人都習得一些不自覺的慣性反應，要成為自己真正的主人，須能將慣性反應提升至意識層面。

1 思考關係的新視野

近五十歲的靜芳是乳癌末期患者，一生鬱悶，思及生命將到盡頭，心裡久藏的芥蒂，還是想說明白。她是家裡的老三，上有大姐、哥哥，下有一個小弟。父親在她念國中時突然中風過世，家道中落，母親擔負起養家的責任。

靜芳自覺從小受到母親忽略，母親把心力都花在大姐以及家裡的兩個兄弟身上，對她小氣，捨不得給她零用錢，她想讀私立高中，母親也嫌貴，最後只讓她讀家裡附近的高職，高職畢業後也只能就近讀科技大學。眼見大姐到國外讀完博士當上教授，她認為自己的成就不如大姐，是因為學歷不夠好。

在生命的末章，她跟母親提及她受忽略的委屈，想求得和解與心靈平靜。母親聽到後深感意外，澄清：「事情不是這樣啊！……當時家裡經濟不好，妳沒考上公立高中，還是讓你去讀私立高職和私立大學啊！……我盡力讓你不需要擔心家裡的經濟狀況。……大姐也是讀高職啊！她是半工半讀，畢業後用自己工作存的錢出國的啊！」

面對母親的否認，靜芳再次覺得受傷，心想：「我沒有想要什麼，難道你不能單純的道歉？」

雙方認知有差異，到底真相為何？

個人心理諮商的角度

在家庭諮商出現之前，諮商心理師認為重要的不是發生什麼事，而是這個人怎麼看待發生的事。重點不是尋找真相，而是改變看法。一個人如何看世界，世界就以他預期的方式回應。

一個人有意識或無意識的「選擇」特定角度詮釋經驗，人生經驗就朝向他期許的方向實現，也就是心理學稱的「自我實現預言」。例如：小孩認為母親對自己很冷淡，就會以這種心態詮釋母親對自己的所作所為，母親接收小孩不友善的回應，長久下來也會試著保持距離，最終成就小孩所認定的冷淡。心理諮商輔導的重點會放在協助個人面對自己的想法、內心的恐懼，以建立更完整的自我。

心理諮商雖然著重個人內在的心理，但二十世紀最有影響力的心理諮商學派，不論是佛洛伊德（Sigmund Freud）的「精神分析治療」或羅傑斯（Carl Rogers）的「以案主為中心治療」，也都不否認個人的心理問題，經常是源於人際互動不良，他們瞭解家庭的重要性，家庭塑造人格。

然而，個人心理諮商關心的不是現實生活的家庭，而是個案記憶中那個「主觀認定」的家庭。因此，針對個人的心理諮商，會認為諮商過程中家人的存在是沒有必要的，甚至可能干擾病患抒發想法。

以靜芳的案例而言，家人如何對待靜芳，不是個人諮商心理師關心的重點，重要的是，靜芳如何看待她的家庭，她的人格如何受家庭影響，又該如何協助她瞭解自己真實的感受，並找出自己可以有的作為。個人諮商心理師會以同理的態度聆聽靜芳的故事，以溫暖、尊重、接納，打開靜芳的心房，協助靜芳探觸內心的情感。靜芳應該也是在探索自己內心後，才鼓起勇氣與母親懇談。

家庭諮商的角度

家庭諮商重視個人生活的外在環境，尤其是「家庭」。家庭諮商認為家庭成員的想法、行為、情緒相互影響，個人問題經常意味家庭互動有問題。家庭諮商的目標是改變家庭成員的互動方式。家庭成員都願意改變，家庭進展才能持久。

西元一九五〇年代，美國許多社會工作者開始覺知，必須以整體概念看家庭。七〇、八〇年代，家庭諮商開始在美國興盛，不只是因為它有效，也是因為心理諮商領域再一次發現，要瞭解一個人必須考量他所處的環境。我們從自身的經驗也可以發現這個簡單的道理，我們在家庭與工作場域的行為截然不同。那是因為，在家庭或工作場域，他人與自己的互動方式不同，我們的回應模式自然不同。

以靜芳的例子而言，家庭諮商師會藉著與家庭成員一起晤談的過程，引導家庭成員思考自己對其他成員的回應內容與方式，協助家庭成員看清其間的相互影響。媽媽好意不讓靜芳擔心家庭經濟所採用的方式，靜芳是不是有不同的解讀？靜芳感覺不公平，所以採取了什麼行動？母親在身心俱疲時，面對當時叛逆的靜芳，是如何回應？A導致B，B造成C，C又引發D。家庭互動是一連串的連鎖反應。

家庭諮商的重點，不是將責任從一方推至另外一方，而是幫助家庭成員學習看清互動間的相互性，擺脫怪罪某人的心態，讓每一個成員看到自己可以掌控與負責的部分。如果靜芳認為，問題在於母親偏袒其他手足，那麼靜芳除了期待母親的改變與道歉之外，別無他法。相對地，就算靜芳努力改變自己的心態，企圖重新開始與母親好好相處，如果母親無法改變自己的回應方式，靜芳的改變也很難持久。

個人心理諮商和家庭諮商兩種思考問題的觀點都有其價值，要看面對的是什麼問題。

有些問題可能比較適合採用心理諮商的思考角度，例如：三十幾歲離家很久的人，過去心理很穩定，最近突然憂鬱起來，先以心理諮商的角度檢視他當前的生活遭遇，可能比較契合。又或者家庭環境過於僵化，過去努力想改變也只是徒勞，採用個人心理諮商的觀點思考問題或許比較可行。

有些問題比較適合採用家庭諮商的觀點處理。例如：小孩的情緒問題，如果是家庭氛圍導致孩子情緒失控，不管諮商師如何協助小孩，孩子的生活環境如果不變，效果有限。另外，婚姻問題、婆媳不和、家庭個別成員因家庭面臨重大改變（如：親人過世、退休或小孩離家）而出現情緒低落、失

表1　個人心理諮商與家庭諮商的比較

個人心理諮商		家庭心理諮商
• 改變個人的看法 • 能面對個人內心的恐懼 • 可以建立完整的自我	諮商重點	• 改變家庭成員的互動方式 • 瞭解關係的相互性，承擔個人責任 • 建立完整的自我外，能與家人設定適當的情緒界限，冷靜平和的互動
• 針對個人諮商 • 家人不須參與	諮商方式	• 依需要，有時針對個人，有時重要家庭成員一起參與諮商
• 成年後突發的心理問題 • 家庭僵化無法改變	適用時機	• 未成年與家庭關係緊密者 • 關係問題（婆媳、夫妻、親子關係）

控等身心失調症狀，則更適合由家庭諮商觀點，協助家庭成員看清自己置身在關係網絡中，如何與他人相互牽動。

自主檢視

- 為了提升應用家庭系統論的能力，請以你和他人實際的衝突為例，寫出互動始末。例如：對方做了什麼？你的回應是什麼？對方接收到你的回應後，又如何回應？然後你又是如何回應對方的回應？請一步一步寫下來。

• 想一想，你的反應是不是很制式化？如果重來一次，你可以如何反應？

2 在「關係」中，一切都是「相互的」

包文的家庭系統論，到底在說些什麼？

簡單的說，就是面對家庭問題時，不再只看出現的症狀，而是用整體來看家庭中的互動，這樣才能真正瞭解問題的根源，瞭解後，改變才可能發生。

「A造成B」的思考方式，通常只是咎責

令人頭痛的少年聖凱是家庭諮商的典型案例。他叛逆，人緣不好，身上總有一肚子氣，遇到事情習慣性的為反對而反對，事情不如他意就大發脾氣，同學、家長、

老師拿他沒輒。以線性關係思考，可能會去找是什麼事件讓他脾氣失控（事件—失控）？或推測是缺乏社交技巧所以容易失控（缺乏技巧—失控）？或歸咎父母不會教孩子（教養失當—失控），或者試著找出學校環境有哪些因子誘發少年的脫序行為（因子—失控）。前述都屬於「A造成B」的直線型思考方式。利用這種思考方式所得的結論，嘗試改變聖凱的行為，通常沒有太大效果。

家庭系統論，則是想找出問題的根源。它會探究聖凱的家庭互動模式，聖凱的父母、手足如何互動？聖凱的父、母以前在自己的原生家庭各自是如何成長的？因為父母本身與其原生家庭的互動模式，會造就他們的慣性反應，他們會本能的複製這些反應，不自覺的運用在自己新成立的家庭中，與伴侶、孩子互動，形成新的互動模式，也讓聖凱不自覺的習得某些慣性反應。

所以，問題的根源不能只由聖凱身上找，也不能只看教養技巧或學校環境。問題根源可能在聖凱的家庭環境，家庭互動系統不成熟，讓孩子養成不良的互動方式。

以家庭系統論探究聖凱父、母在原生家庭的慣性反應，或許可以進一步發現問題的源頭。

找出問題源頭

聖凱爸的成長經驗：聖凱爸的父親早逝。聖凱爸和他的姊姊由母親扶養長大，照顧兩個孩子是母親的生活重心。這個母親個性挑剔，對孩子管束嚴格，限制孩子外出交友的活動。聖凱爸的姊姊是乖乖牌，沒有逃脫母親的掌控，長大後也一直保持單身，並跟母親同住。聖凱爸則是早在青春期就無法忍受母親的專制，下定決心有機會就遠離，大學時終於能離家，逃脫母親的管控。

聖凱爸與其專制母親的互動慣性就是抗拒干涉。這種未經思考的反抗情緒，是「自我分化」低落的特徵。「自我分化」是指一個孩子出生後，在漸漸脫離對他人的依賴，並成為一個獨立個體的過程中，能學會辨認自己的情緒和理智判斷，且能不受制於自己或他人情緒。就像小豹離乳、離群，成為獨立的成豹一樣。自我分化程度高的人，能理性應對旁人的干涉，而不是一味情緒性地反抗。這個自我分化的概念，是家庭系統論的核心概念之一，在後面的章節會深入介紹。

與母親未成功分化的聖凱爸，因而對別人的批評及控制，不自覺得過度敏感。

聖凱媽的成長經驗：聖凱媽的原生家庭，關係緊密，她和四個姊姊感情深厚。她大學畢業後想繼續念研究所，但是父母認為女孩不該念這麼多書，希望她及早準備成為人妻人母。聖凱媽為此和父母衝突激烈。執意離家進入研究所後，從此未與父母恢復感情。聖凱媽保留了在原生家庭中養成的慣性，希望婚姻關係能讓她重拾以往與家人的親密關係。她對維持親密關係的渴望，也是自我分化程度低的特徵。

聖凱父母的互動關係：聖凱的爸媽都和家人斷絕關係，也少有朋友。經過短暫熱戀後就結婚。婚後的蜜月期沒有維持多久。聖凱爸媽各自從原生家庭學得的互動慣性，讓兩人不時起衝突。

帶著原生家庭養成的慣性反應，聖凱媽很自然地期望與聖凱爸親近，能有共同的休閒活動，一起做些什麼。但每次她提議共同活動，聖凱爸就習慣性的生氣厭煩，覺得她干涉他的個人自由。經過一段時間的衝突，兩人取得一種平衡。聖凱爸將重心放在工作，聖凱媽被迫與先生保持距離。一年後聖凱出生，家庭互動產生新的變化。

夫妻倆都很高興有了小孩，但高興的重點不同：聖凱爸開心家庭多了一個新成員；聖凱媽則因終於有對象可以實踐自己想要的親密關係而開心。小寶寶成了聖凱媽的生命重心。在聖凱襁褓階段，聖凱媽溫暖、關愛並盡力滿足寶寶的需求。每當聖凱爸想要幫忙照顧寶寶時，聖凱媽便忍不住在一旁指導，深怕他做錯什麼。這樣的干涉讓聖凱爸非常生氣。多次為此爭吵後，聖凱爸就退出照顧行列，讓聖凱媽全權負責。

這三人組成的家庭，雖不理想，但也逐漸達成一種新的平衡。聖凱爸和妻兒雖然關係疏遠，但他有自己的工作；聖凱媽雖然和先生疏遠，不過她有心愛的兒子。

聖凱的成長：聖凱開始會走路、說話後，和一般孩子沒兩樣，到處探索試驗。看到東西就拿，不順心就吵鬧或放聲大哭。聖凱媽無法忍受小孩哭鬧，經常妥協，只求哭鬧停止，無法讓孩子遵守她自己訂定的規矩。聖凱漸漸養成慣性反應，得不到想要的就鬧脾氣。

聖凱上學後，問題開始一一浮現。一向任意而為的聖凱，無法與同學好好相處，他的壞脾氣讓同學和老師不喜歡他。聖凱交不到朋友，面對老師的要求，則出現和聖凱爸一樣的反抗情緒。當老師試著與聖凱媽討論孩子的問題，聖凱媽就認為這些人不懂如何與她的孩子相處。聖凱在小學階段一直無法與他人和諧相處，與母親則維持一種極為緊密的關係。

聖凱進入青春期後，危機開始，彷彿聖凱爸的故事重演。聖凱也想往外跑，拓展家庭外的生活圈。只不過，聖凱比他的爸爸更缺乏與母親分離的能力，聖凱媽也不願放手，這對母子非常在意彼此，但衝突不斷，爭吵成了彼此的生活重心。

「循環型」的思考方式，把責任找回來

由家庭系統論來看，聖凱的叛逆、難相處和壞脾氣只是家庭問題的一個症狀。真正的問題不只在聖凱、聖凱媽或聖凱爸，也存在於他們三人間的互動模式。

互動模式是一種連鎖反應：聖凱媽的需要親近，引發了聖凱爸的反抗掌控，導致夫妻對立與疏離，於是聖凱媽轉而將重心放在兒子身上，與先生更加疏離，與兒

子過於緊密，兒子也習得反叛。家庭中每個成員的反應，促成這一連串的後續反應，就像骨牌效應般一個接一個，每個成員都參與製造問題。

家庭系統論不採用直線型的思考方式，如過於簡化的歸咎聖凱媽的教養方式造成聖凱人際關係不佳，而是採用循環型的思考方式，強調人際互動的相互性。歸咎聖凱媽的時候，是不是也該思索是什麼原因讓她把生命重心放在兒子的一舉一動？把問題歸咎於某人，就等於把責任推到別人身上，忽視自己應該承擔的部分。

家庭系統論也告訴我們，每個人都由原生家庭習得一些不自覺的反應模式。聖凱爸不自

圖 1　案例家庭的循環型因果關係

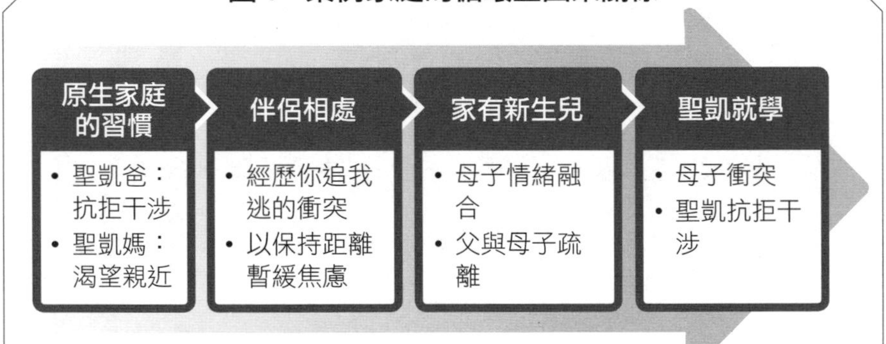
原生家庭的習慣
• 聖凱爸：抗拒干涉
• 聖凱媽：渴望親近
伴侶相處
• 經歷你追我逃的衝突
• 以保持距離暫緩焦慮
家有新生兒
• 母子情緒融合
• 父與母子疏離
聖凱就學
• 母子衝突
• 聖凱抗拒干涉

覺自己反抗掌控，聖凱媽沒察覺自己渴望親近，聖凱呢？他也在這個三人家庭中習得父親的反叛與母親的依賴。聖凱未來成家之後，也會把這種慣性反應帶到他的新家庭中去對待伴侶與孩子。如此一來，上一代的互動模式複製到下一代，包文稱之為跨世代傳遞（multigenerational transmission process）。

根據包文的理論，如果聖凱一家三口可以看清自家的互動模式，並且有意願改變，那麼他們每個人都可以中斷不好的互動模式，承擔自己的責任。聖凱爸可以過濾自己過於敏感的反抗情緒，聖凱媽可以把焦點移回到自己身上，學習獨立與放手，聖凱可以學習理性爭取自己的自主。

家庭系統論提供一種新的思考方式，讓我們擺脫過於簡化的直線型思考，以循環的角度，把孩子的脫序、夫妻的衝突，甚至配偶的身心疾病，視為一種症狀，依循專家提出的脈絡架構，分析自己家庭的互動模式，將不自覺提升至意識層次，找出人際關係的相互性，由自己開始尋求改變。

自我檢視

• 思考與家人衝突時，哪些反應是你的慣性反應？如果想不出來，請問一問家人。

3 我們是自己的主人？

關於自己，有太多的身心反應是無法掌控的。緊張時的心跳加快，激動時的臉紅耳赤，說謊時的眼神飄移，不安時的雙臂環抱。很多時候無法控制是必要的，每天面對外界挑戰，如果所有的反應都要靠意識去控制，真是忙不完。尤其是生理運作，大部分都是自動化的。比較令人驚訝的是，人的行為也有很多自動化反應，就像飛機航行，機長設定目的地後，飛機大多時候是處於自動導航狀態。

生活中有太多的不自覺

人的行為反應像飛機與船舶航行，也有自動導航模式。

人的自動導航模式中，有些是受本能驅動，像是覓食、求愛、繁殖下一代、助人和與人競爭，這些都是本能。很多動物也具有這些本能，差別在於動物不會用語言修飾牠們的本能，而人會賦予這些本能種種理由，例如，因愛而有性、為理想而奮鬥、性善而助人。其實無論有沒有這些理由，人還是會做這些事。

自動化反應中，有些是個人自覺的、刻意練習而得的，如學游泳。不論教練怎麼說，還是得自己把頭埋入水裡，一次又一次練習，直到下水後身體自動執行這些動作。學開車也一樣，剛開始總要戰戰兢兢，到達自動化後，甚至忘了自己在開車，有人甚至要去超市買個東西，卻自動化把車開到上班路線。

人的自動導航模式，更多的是受本能驅動後，透過經驗不知不覺學來的。例如：與伴侶的互動、照顧孩子的態度，與他人意見相左時的情緒反應等等。這些學習，通常不是師長、父母透過「口說」讓孩子學會，而是孩子透過觀察、模仿、反覆練習而得的自動化反應。就像幼兒園的小孩，在玩扮演遊戲時，指揮另一個幼兒「你是爸爸，你要坐在那，等我叫你才過來吃飯」，上演的是他的所見所聞。

家庭中的自動化行為，很多是不知不覺中、潛移默化來的

以千卉為例，千卉婚後住娘家附近，娘家還有兩個妹妹，她是家裡的老大。千卉的爸媽時常吵架，而且，通常是爸爸先為一些瑣事發脾氣，接著是媽媽生氣回嘴。於是爸爸更生氣的揚言要殺了媽媽。衝突升溫後，妹妹打電話給千卉，千卉奔回娘家叨念兩老的不是，兩老停戰。過一陣子，爭戰再啟，千卉再次接到妹妹的來電。

在千卉小時候，爸媽第一次在小孩面前吵架時，千卉也是手足無措，不知如何是好。身為大姐的她做了一些嘗試，有些沒用，有用的就下次再用。就這樣，很多反應固定下來，她成了爸媽的「調停者」。

家庭中出現幾次重複的互動方式後，家庭成員的預期心理會讓這種重複固定下來，成為互動慣性。

兩個妹妹在爸媽吵架時，會期待大姊出面調停，甚至千卉的爸媽也不自覺地如此預期。一旦模式固定下來，家庭成員會逐漸放棄思考其他可用的行為選項。家庭問題常導因於僵化的行為反應。在固定模式中，大家分配各自的角色，且以一種可

預測的方式處理事情，由最初的「誰該去……？」變成「千卉應該要去……」再變成「千卉要去……」。這個模式一旦根深柢固之後，就會被視為必然，家庭中的成員面對爸媽爭吵，不再做其他考量。甚至千卉結婚離家後，互動模式仍然不變。

情緒、感覺、理智

自動導航模式，可與包文提出的情緒系統相對應。包文由臨床經驗，歸納出對人影響深遠的三個系統：情緒系統、感覺系統、理智系統。

情緒系統是負責維持物種存續、產生本能反應的系統。飛蛾撲火、虎頭蜂叮人等生物的本能反應隸屬於情緒系統。如果以家庭為單位來思考，家庭也有自己的情緒系統。千卉的家人，不自覺的扮演固定的角色，爸爸扮演衝突的發起者、媽媽扮演衝突的擴大者、妹妹們扮演求助者、千卉則扮演調停者，這是這個家庭情緒系統的其中一種樣貌。這種日復一日不自覺的家庭互動模式和隱含其中的情緒氛圍，就是家庭情緒系統。

感覺系統，是情緒系統表層可以意識到的部分，如人可以察覺自己有罪惡感、覺得羞恥、生氣、焦慮、嫉妒、同情、快樂等等感覺意識。感覺對人有深遠的影響，在探究人的行為反應時，很多感覺需要經過努力辨認，才能由情緒系統中的不自覺，努力提升到可以意識的層面。例如：詢問千卉，她需要努力回想，才能告訴你，第一次見到父母爭吵時，她是恐懼的、茫然的；時間久了之後，她有無奈和憤怒感。請她試著放棄扮演調停者，她可以意識到的感覺會是驚訝的、不可置信的。但她可能還無法意識到，調停者這個角色，也帶給她「被需要」的感覺。她沒有想到，當父母可以自己解決紛爭，不再需要她調停之後，她竟然有深深的失落。

理智系統是人進行抽象思考的系統。包文認為，讓人有別於其他動物的就是理智系統。理智系統受情緒和感覺左右時，理智容易成為個人主觀，讓人看待事情有好惡之分。人的許多信念、價值觀就是受情緒和感覺影響，而帶有主觀意識。例如，這個社會對多元成家的態度，極度贊成或極度反對的雙方，背後都受情緒和感覺系統影響。

當個人的理智系統能有意識地克制情緒和感覺的影響時，才能展現真正的理性，以邏輯推理洞悉自己和他人行為反應的後續影響，做出恰當的回應。千卉小時候面對父母爭吵的前幾次，應該也曾運用理智系統判斷，才會決定介入父母的爭執。但事情重複多次被視為必然之後，理智系統好像處於省電狀態，改由情緒系統自動導航，家庭成員的一方不自覺的回應或不自覺的期待另一方該如何回應。家庭成員共同塑造了這種不自覺的互動模式。喚醒理智系統能讓千卉有機會看出問題所在，改變不自覺的慣性反應。

喚醒理智系統

情緒系統讓我們的反應迅速即時；感覺系統讓我們有方向；理智系統讓我們超脫本能。演化上，情緒系統是最早出現的，是人和動物都有的本能，通常是處於下意識的層面。感覺和理智系統屬於意識可以處理的層面。情緒、感覺和理智系統沒有優劣之分，相互影響各司其職。人對訊息的反應也經常同時牽涉這三個系統，例如：被父母斥責，小孩可能會本能地退縮（情緒反應，動物也會），覺得害怕（高等動物才有的感覺），認為父母不愛他（主觀判斷）。

個人的行為有很多時候是處於自動導航下，受情緒系統支配，此時個人的行為反應是重複、可預期的。一個人要成為自己真正的主人，需要努力將情緒系統中不自覺的慣性提升到可意識的層面，精確地覺察自己的感覺和理智，並在兩者間取得平衡，如此才能瞭解自己，掌控自己。

家庭系統論視家庭為一個情緒單位，每個成員相互影響。因此，如果某個家庭成員出現症狀，除了要瞭解那個成員，瞭解其他成員如何與他互動也同等重要。但家庭成員的互動過程複雜，很難抽絲剝繭看出其中的固定模式。千卉扮演了數十年的調停者，也沒看懂這家庭紛爭的慣性模式。原因之一是，個人常被家庭成員所說所為的許多瑣事淹沒，無法理出頭緒。再者，個人常以主觀的角度詮釋別人的行為，難以看清事實。能否以局外人的觀點，不受情緒和感覺左右，客觀分析家庭成員的互動，是瞭解家庭互動系統的關鍵。

包文是少數能由家庭互動理出通則的智者。他的理論著重於描述互動關係中可觀察到的事實，包括：關係中發生了什麼事？如何發生？何時發生？以及發生的情境。這些可觀察到的事實，一而再，再而三的在不同家庭中重複上演，甚少例外，因而可以歸納成理論，用來預測關係間的互動。至於為什麼會這樣？屬於動機的問題，因為涉及主觀詮釋很難驗證，是家庭系統論盡量避免談論的議題。

每個人的家庭或多或少都有些問題，

圖 2　情緒、感覺、理智系統

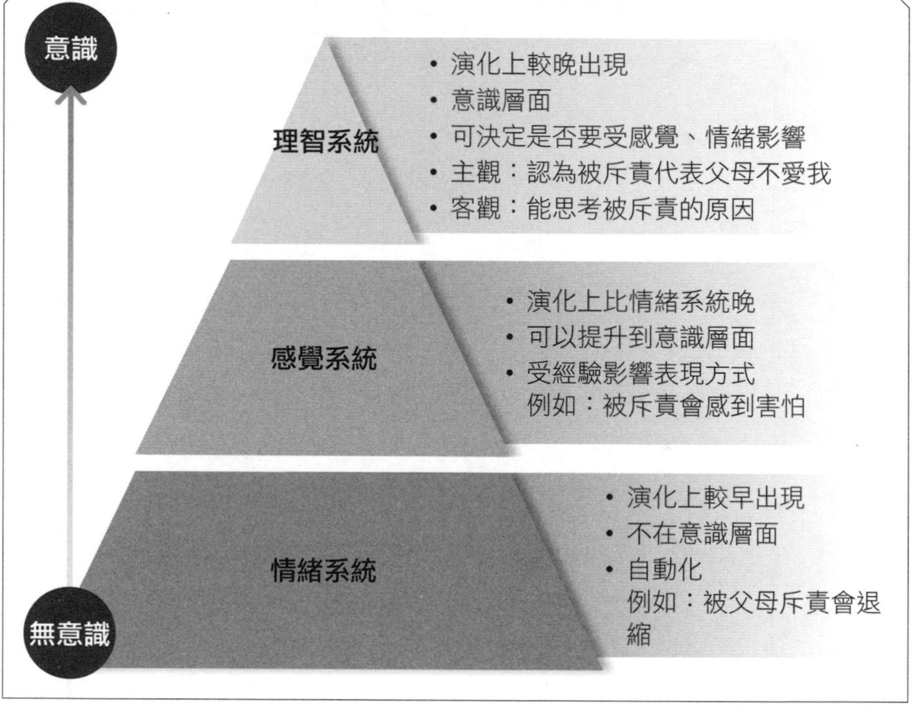

意識
理智系統
• 演化上較晚出現
• 意識層面
• 可決定是否要受感覺、情緒影響
• 主觀：認為被斥責代表父母不愛我
• 客觀：能思考被斥責的原因
感覺系統
• 演化上比情緒系統晚
• 可以提升到意識層面
• 受經驗影響表現方式
例如：被斥責會感到害怕
情緒系統
• 演化上較早出現
• 不在意識層面
• 自動化
例如：被父母斥責會退縮
無意識

都曾經感覺到家人帶給自己的壓力，或在無意間施予家人壓力。借助家庭系統論，個人可以試著分析自己的家庭互動系統，找出困擾自己的互動模式，試著打破慣性，在僵化的反應模式中加入新的互動選項，試著建立更宜人的互動型態。

自我檢視：

- 試著回想家中重複發生的衝突，你能看出其中的互動模式嗎？

- 在你的陳述中，哪些是情緒？

自我檢視：

- 哪些是感覺？

- 哪些是衝突參與者的主觀判斷？

第二部

伴侶關係

——在自我與我們當中求平衡

人的一生受兩股力量拉扯。一股力量讓人想成為獨立的「自我」。另一股力量則是讓人尋求歸屬和認同，想與他人連結成為「我們」。現實生活中，這兩股力量經常是劍拔弩張。

4 「自我」與「我們」的拉扯

她希望下班回家，兩人能一起喝杯茶，談談今天過得如何；他想坐下來，好好看新聞。她想假日兩人去戶外走走；難得放假，他想跟朋友去打打球。

他覺得生活重心應該放在事業。她注重家庭生活，工作只是生命的一部分。

他不是不想跟她相處，他只是希望在婚姻生活中，仍有各自的朋友，能保有自己喜歡的活動。她不是無法享受一個人獨處，只是希望兩人能有共同的興趣、共同的朋友。

雙方有各自的期待。對兩人相處，雙方放的比重不同。如何取得平衡？

人在關係當中，一生都受兩種力量拉扯：一股力量，讓人想成為獨立的「自我」（individuality force），做自己的主人；另一股力量，則是讓人想要與他人連結成為

「我們」（togetherness force），尋求歸屬和認同。理想上，這兩股力量可以不必有衝突，或者這兩股力量的拉扯可以找到一個平衡點。現實中，這兩股力量經常是劍拔弩張。

在生命不同階段，成為「自我」或「我們」這兩股力量的展現，有不同的樣貌。「自我」與「我們」的拉扯，不是在伴侶之間才有。原生家庭如何支持「自我」的成長，形塑「我們」之間的應對，也會影響個人與伴侶的相處方式。

「自我」的成長

孩子在不同年齡，對「自我」的追尋和「我們」的需求，也有不同的比重。剛出生的嬰兒，還沒有「自我」的意識，完全仰賴他人照顧，主要照顧者通常是嬰兒的母親。此時，母親與嬰兒雖然是兩個個體，但「我們」的情緒是融合的，雙方的情緒都受對方牽動。母親的情緒受嬰兒的哭鬧、嘻笑和生活作息影響。母親的情緒也影響嬰兒的情緒系統，包括：嬰兒的血壓、心跳和身體中壓力賀爾蒙的濃度。母親的憂鬱情緒，甚至能改變嬰兒的大腦，讓孩子膽怯、退縮、被動。此時的嬰兒主要受情緒系統支配。感覺與理智系統仍在萌發當中。

受到良好照顧的幼兒，開始會堅持自己的想要，當「我的」、「我要」等「我」的字彙出現在兩歲幼兒口中，也顯現幼兒對成為一個獨立「自我」的渴望。雖然如此，兩歲幼兒對母親的情緒依附仍然強烈。兩歲幼兒被送到托兒所看不到母親，情緒失控不能自己，母親在一旁偷偷擔心不忍離開，就是一種情緒融合的展現。二至六歲的學齡前幼兒，感覺系統迅速成長，需要成人協助瞭解與辨認自己和他人的感覺，例如：姊姊生日有禮物，我也很想要她的禮物，我不高興的感覺原來叫做「嫉妒」。

兒童時期，孩子需要父母的指引及控制，學習認識「感覺」與「理智」的權衡，學習遵守社會規範，例如：父母不滿足我的需求（理智規範），不代表不愛我（感覺）。青少年時期需要的則是學習作一個獨立自主及負責的「自我」，以及學習在家庭之外，如何適當與他人建立「我們」連結，練習在「感覺」與「理智」之間取得平衡，例如：面對朋友的勉強，可以選擇順從（感覺）或適當地拒絕（理智），並為自己的決定負責。

理想上，家庭如果能支持個人的「自我」發展，個人的自我就能由嬰兒時期的完全受情緒主宰，到幼兒時期的辨認感覺，再到兒童時期的萌發理智，至青年期逐漸成長為不受情緒、感覺主宰的自我。這個理想過程能否順利進行，取決於原生家庭的互動能否適時放手，在適當時期給予該時期所需的支持。

如果父母能漸漸放手，給孩子追尋「自我」的成長空間，一個青年應該有能力為自己做主，能覺察自己的感覺與理智，並能在與他人相處的「我們」之間學會有時適當妥協、有時堅持自我，擁有舒適的人際關係。在這樣的理想狀況，個人在追尋「自我」和「我們」的兩股力量當中，可以很容易找到平衡點。

家庭中常見的問題是，父母與孩子的情緒連結，無法隨著孩子的成長放手，阻礙孩子發展成獨立自主的個體。這種狀況在孩子年幼時，運作還不成問題，就如本書第二章聖凱和聖凱媽的情緒融合，聖凱媽將聖凱視為生命重心，滿足自己對親密關係的渴望，對年幼的聖凱照顧周全，聖凱也習慣依賴母親。但年紀漸長時，這樣的情緒相互依賴，孩子容易養成受情緒掌控的習慣，他們在生活上任性肆意而為時，情緒化的父母也很難適當管教。父、母與孩子之間的互動都受情緒掌控。等孩子進入學校，情緒化的反應無法符合社會期待，很難適應學校生活。

父母無法因應孩子成長，鬆綁與孩子的情緒連結，強加自己的期許在孩子身上，也會讓孩子產生抗拒，將雙方推往彼此厭惡又互相依賴的方向。就如，聖凱媽無法放手，限制聖凱在外交友；聖凱情緒性的拒絕母親干涉，與母親衝突不斷，卻又相當在乎母親對他的態度。這樣的糾纏，父母無法尊重孩子的感覺和想法，自然也無法幫助聖凱學習尊重自己和他人的感覺與想法，同樣也無法發展出能理性思考溝通的自我。

「自我」和「我們」的平衡

一個自我分化程度高的人，能在追尋「自我」和「我們」的兩股力量當中取得平衡，不僅有獨立自主的「自我」，也有能力與他人形成相互尊重的「我們」關係。

脫離原生家庭與伴侶形成新的「我們」關係，自我分化程度低的人會投入過多的生命比重在「我們」關係中。這樣的人沒有太多自主能力，行為容易受情緒、感覺和個人主觀主宰。他們極度需要被愛、被接受、被引導或被拯救，對另一半散發的訊息很敏感，情緒受對方的言行挑起後，波動劇烈不易平復。他們的注意力都用來觀察另一半，「他現在做什麼？他為什麼沒回我電話？他對我為什麼不夠好？他是不是有二心？他為什麼讓我

圖 3　自我與我們的平衡

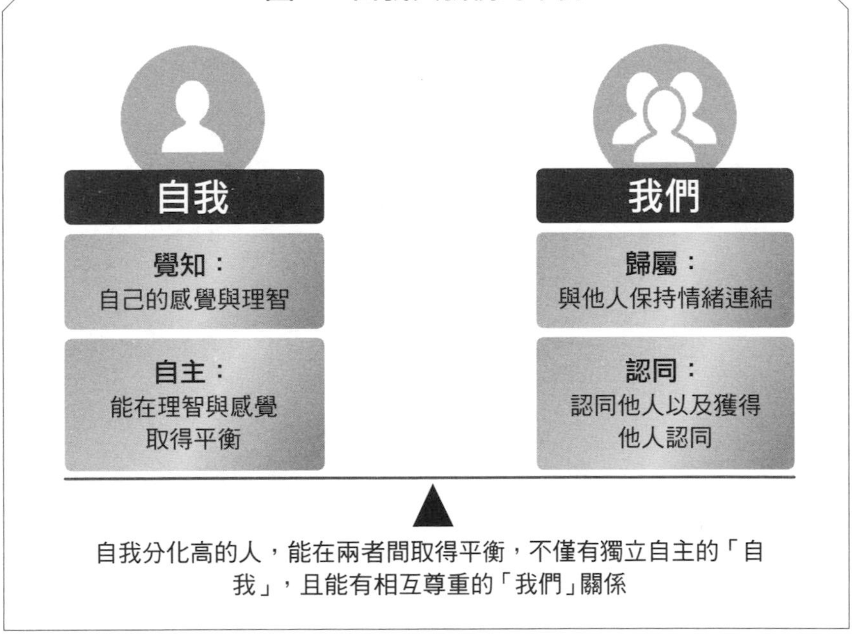
自我
覺知：
自己的感覺與理智
自主：
能在理智與感覺取得平衡
我們
歸屬：
與他人保持情緒連結
認同：
認同他人以及獲得他人認同
自我分化高的人，能在兩者間取得平衡，不僅有獨立自主的「自我」，且能有相互尊重的「我們」關係

忍受這種痛苦？」「我們」關係對這種人而言是情緒牢籠，左右他們的生命。

自我分化程度中等的人，在沒有找到伴侶時，常感到生命空虛不完整。這種人一旦有機會找到伴侶，生命立刻以「我們」關係為重，在關係中找尋自己的定位和價值。他們找到另一半後可以不再徬徨，如果能獲得另一半的肯定與支持，例如：「他覺得我對……很有天分」，他們就更有信心發展自己的潛能，但發展有限，因為他們經常需要回頭在關係中尋找支持。

自我分化程度高的人，能獨立自主，他們對伴侶的渴望不在尋求肯定，而是找尋志趣相投的同伴。沒有伴侶時，他們擁有完整的自己，而不覺得空虛。有了伴侶之後，他們的情緒、感覺和理智不會依附在關係上。即使伴侶對他們有不同的期許，他們也可以跳脫本能反應，客觀分析自己的情緒、感覺和理智後回應對方，維持個人的自主。這種自主和自私不同，會是考量共同利益後，做出對彼此都好的選擇。

再思考前文中，他與她的不同期待。

如果他與她的自我分化程度不佳，建立關係是為了滿足「需求」，填補自己生命的空缺，她可能認為他不夠愛自己，對婚姻不夠投入；他則嫌她黏膩、依賴，不給自己喘息的空間。雙方各執己見，情緒化的面對彼此的不同。在這種狀況下，「我們」是種限制，阻礙兩人積極實現自我。

如果他與她的自我分化程度高，在關係中仍能維持雙方的自主，兩人期盼在生活中看到彼此的成長，他可能溫柔回應她的親密需求，表達他也想要有共同興趣；她感受到他的誠意，也回應她的體諒。兩人可以約定他回家先溫柔打招呼，然後她讓他靜靜看完新聞，睡前兩人聊聊天。約定週末何時共處，何時安排各自的活動，讓兩人的期待都得到滿足。在這種狀況下，「自我」與「我們」不太需要抗衡，兩人都可以追求自我實現。

自我檢視：

評估一下你的自我分化程度，並列出具體例證，例如：我的自我分化程度低，因為我很依賴家人替我決定生活中的大小事。

□我的自我分化程度低，因為我

□我的自我分化程度中等，因為我

□我的自我分化程度高，因為我

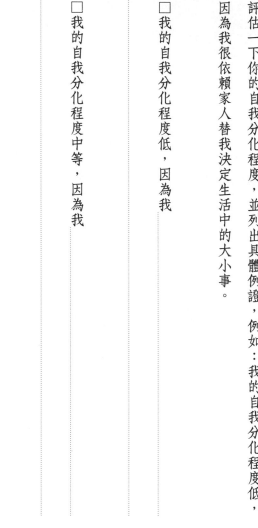

5 親愛的，我們變了

知名藝人與先生離婚，兩人各自在臉書發表公開聲明。她寫著：「我沒有扮演好一個賢妻的角色。婚後的我，依舊享受我的工作，專注於我的事業，也因此，我忽略了經營婚姻與維持一個家，需要相對的時間與付出……再加上現在的我，跟婚前的我也有了很大的轉變。以前的我，是一個只以愛情為主的人，但是這幾年，我的人生觀漸漸改變，我不再像以前一樣全心全意只為愛情。」

他的聲明則是：「九年前，某程度上繫於她遷就我、追著我跑，我曾習慣她對我比較好。有好長一段時間，我們處於非常時期……那時我們的目標與一般夫妻不同，只想變回正常人。後來，我東忙西忙忽略了經營生活，竟把婚姻當成理所當然……慢慢地我們成了平行線。找不出解藥時相處變成了壓力，加上愛情隨著時間漸漸淡了，一切搖搖欲墜。婚姻是需要調整的，我沒發現也沒應變；人是會變的，我們都變了。」

離婚是因應互動關係改變的選項之一，但感情能長久，通常不是兩人沒變，而是兩人能溝通調整彼此的差異，隨著成長一起改變。這種因應互動關係改變的彈性，也跟自我分化的程度有關。

關係的動態平衡

根據包文的觀察，相互吸引結為伴侶的兩人，通常自我分化程度相近。伴侶關係建立的初期，雙方對「自我」與「我們」的需求，通常能藉著有時我配合你，有時你配合我的方式，維持動態平衡。但環境和人總是會變，改變帶來挑戰。自我分化程度低的雙方，容易將改變視為威脅。

婚姻中威脅的主要來源，不管表面上的名目為何，通常可以追溯至「自我」與「我們」的衝突，缺少個人自主空間或抱怨彼此不夠親近。沒有自主空間讓人窒息、

感覺受困或身不由己，不夠親近讓人感覺孤單、不被需要或缺少愛。

在生命歷程當中，個人對「自我」和「我們」投注比重可能改變。由藝人與伴侶的公開聲明，可看出兩人投注於追尋「自我」和經營「我們」的能量，隨時間經過有所轉變。交往初期，她以愛情為重的追隨，以及他習慣她的遷就，可看出她投入較多比重在經營「我們」。婚姻初期，兩人團結面對她遭遇灼傷的痛楚，只想變成正常夫妻時，「我們」是彼此的生命重心，兩人都無暇顧及做自己。離婚前，各自積極追求自己喜歡的生活模式，經營各自的「自我」，維持「我們」的壓力逐漸提高。

自我分化程度達到理想境界的人，在追求「自我」和「我們」之間不需要有衝突，但在現實生活中，這樣的人基本上不存在。如果設定理想境界為100分，最差的程度為0分。芸芸眾生大都介於25至50分之間。芸芸眾生的伴侶關係大都建立在形成「我們」的歸屬需求上，互動時往往有許多認定的「應該」，為雙方帶來壓力。「我沒有扮演好一個賢妻的角色」，反映的是對婚姻中女性的角色期待；「我曾習慣她對我比較好……把婚姻當成理所當然」，反映的是相處上的「應該」。當壓力超過在一起的幸福，找不到解藥，離婚也是一種面對壓力的調適。

芸芸眾生的伴侶關係

芸芸眾生的伴侶關係通常是自我分化程度中等的兩人結合。兩人都期待對方的關注與支持。即使結合為伴侶關係，限制了個人的自主空間，但兩人原本也不夠獨立自主，因此不覺得難受。這樣的關係在剛開始時，就像手套與手的契合一樣完美，雙方都不會抱怨彼此不夠親密或缺少個人喘息空間。這時兩人的表現也可以像自我分化程度高的人一樣，在互動中怡然自處。

這樣的關係因為相互依賴，幸福與否取決於另一半是如何看待他，對方一個眼神舉止或評論，可以讓他高興或失落。互動時親疏遠近稍有變化，可能讓對方焦慮。加上雙方對另一半的言行敏感，焦慮很容易不經意透過彼此感染擴大。一方的忽視、傷害、批評和拒絕，可能引起另一方極大的情緒反應，導致兩人相處必須戰戰兢兢、謹言慎行，以免刺激對方。

因為雙方仰賴另一半帶給自己幸福，關係是建立在各自的需要上，兩人對另一半有較多的要求和期待，比較會抱怨對方的不是。當期待超過對方所能給予的，失望就接踵而至。關係開始失衡時，常見雙方互動有「你應該……；你怎麼可以……；我對你真是失望……」等要求對方改變的言辭。關係極度失衡時，常可聽到「你再這樣下去，我就要……；我再也受不了你……，繼續下去，我會……」等激烈的威脅，為了維持關係要做的改變，超過雙方所能承受的極限。

芸芸眾生的伴侶關係，時而自在，時而難處。自在是因為兩人可以相互依靠，難處則因雙方計較對方是否付出夠多，自己是否獲得足夠。倘若難處的時刻漸增，為了短暫的自在要付出的代價過高時，關係就逐漸崩壞。

理想的伴侶關係

理想的伴侶關係會是什麼樣貌？可以由想像兩個自我分化程度高的人如何與伴侶互動開始。他們建立伴侶關係不是為了相互取暖，而是為了相互充實。他們的互動關係保有很大的彈性，相處時可以很自由地接近對方或偶爾選擇保有距離。不論是另一半的期待，或是另一半面對期待的反應，他們都不會視為威脅。如果對方的行為讓他們感覺失落，他們也會思考失落感所為何來，既不會一味自責，也不會盲目怪罪對方。他們會理性掌控自己的情緒反應，為自己的失落承擔責任，嘗試控制自己的需求，而不是直接要求對方改變。即使他們決定要向對方表明自己的失落，也會選擇幽默地指出自己的感覺源自何處。

圖 4　自我分化程度與伴侶關係

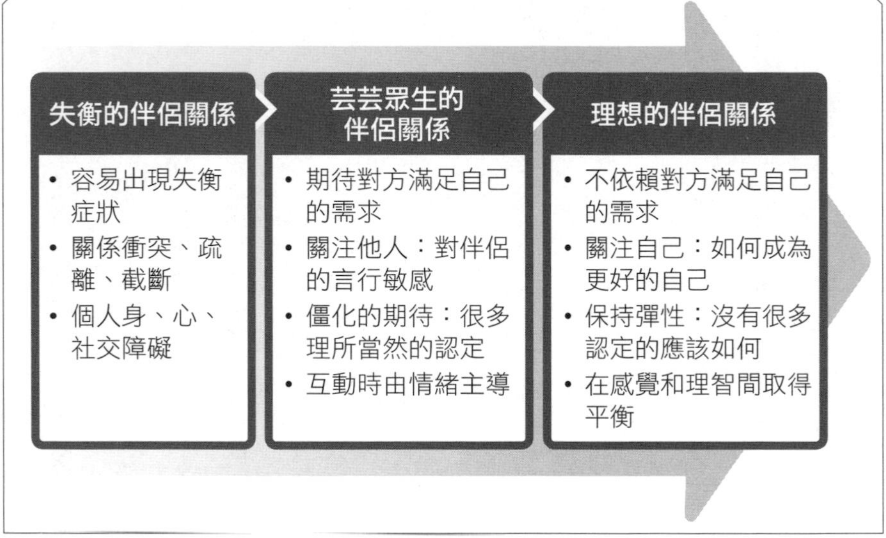
失衡的伴侶關係
• 容易出現失衡症狀
• 關係衝突、疏離、截斷
• 個人身、心、社交障礙
芸芸眾生的伴侶關係
• 期待對方滿足自己的需求
• 關注他人：對伴侶的言行敏感
• 僵化的期待：很多理所當然的認定
• 互動時由情緒主導
理想的伴侶關係
• 不依賴對方滿足自己的需求
• 關注自己：如何成為更好的自己
• 保持彈性：沒有很多認定的應該如何
• 在感覺和理智間取得平衡

這樣的理想關係，不容易為雙方帶來焦慮。即使有焦慮也不容易引發連鎖反應導致焦慮擴大。在這樣的關係當中，雙方仍能各自維持獨立自主，不用擔心、畏懼對方的情緒反應。面對環境與人的改變，也有適應變化的彈性。

藝人夫妻的離婚，兩人都歸因於各自對「自我」的追尋，而忽略了經營「我們」。乍看之下，會誤以為是兩人為追尋自我而導致離異。但追尋自我應該是提升自我分化，是獨立生活可以過得很好，兩人生活時不要求對方照自己期待的方式生活。對另一半如果沒有太多的期待與限制，相處起來會更舒坦。她不需要符合做賢妻的「應該」，他也不需要自責沒有為婚姻做「該有」的調整。如果雙方要做調整，如放棄應酬，多花點時間經營兩人關係，那也是因為自己想要調整，而不是應對方要求勉強為之。伴侶間的衝突，常導因於雙方堅持做自己，卻同時仍對另一半保有很多期待。

自我分化程度高的人在關係中也不是沒有調整，只是他們的調整是為了讓自己變成更好的人，而不是為了對方所認為的「應該」。

自我檢視：

- 針對你與他人的關係，列出一項你對對方的「期待」。

- 當對方無法符合你的期待時，你的反應是什麼？

• 有沒有更好的回應方式？

6 「我們」是如何搞砸的？

童話故事常結束於王子與公主的盛大婚禮，但婚後生活中日復一日的摩擦，才是考驗的開始，從誰洗碗、誰倒垃圾、誰的衣服又該放在哪裡……都是一番掙扎磨合，更糟的是，懷有「愛我就該為我改變」的迷思，對另一半施加壓力。有些婚姻關係經歷幾個月的蜜月期後就迅速破裂，也有些婚姻在壓力中持續一輩子。一段關係能維持多久，跟兩人面對壓力的應對方法有關。

結婚是兩人各自帶著原生家庭慣性的結合，面對彼此的分歧，需要耐心溝通，一起找出雙贏的路。不成熟的婚姻經常是兩個各自被自己原生家庭洗腦的人，複製在父母身上學到的方法，主觀認定兩人理當如何共處，不是委屈自己配合他人，就是強迫他人配合自己。

伴侶間的分歧帶來相處壓力，一般人的慣性反應常是由情緒主導，專注於回應對方的想法、感覺和行為，而不是經過審慎思考專注於提升自己，尋求合作方式。伴侶間面對壓力經常採用的情緒性互動方式可以是保持距離、互不相讓、單方忍讓、相互退讓或牽扯第三人。這些互動方式只求降低發生摩擦當下的焦慮，無法真正解決問題。初相處時，兩人可能試過所有方式，但特定方式重複多次後會固定下來，長期下來就成了不自覺的情緒關係模式（patterns of emotional functioning）。包文派學者歸納出諮商領域常見的四種情緒關係模式，包括：情緒疏離（emotional distance）、情緒衝突（emotional conflict）、支配順從（dominant-adaptive），以及三角關係（triangle）。

情緒疏離

保持距離是所有關係面對壓力時都可能採用的方法，是藉著拉開雙方距離，降低衝突帶來的焦慮，有情感上的絕緣效果。拉開的距離可以是時間、空間或心理上的距離。為了降低相處上的壓力，一方可能藉加班、應酬晚歸或乾脆自願輪夜班，錯開兩人的作息，減少相處時間，拉開時間上的距離；讓伴侶陪孩子到國外念書或自己調職到國外，是拉開空間上的距離；避免談起會引發爭吵的話題或保持沉默是心理上的距離。

保持距離的案例之一，是面對先生的短暫外遇，從事演藝工作的妻子無法釋懷，為了孩子不想離婚，剛好大陸有演藝工作，妻子藉此離開，夫妻分居兩地，兩人隔海通話，談話內容也僅限於孩子的近況和功課。空間與心理上的距離拉開，瀰漫在兩人之間的焦慮氛圍暫時消失。如果強迫兩人坐下來談外遇事件引起的傷痛，焦慮立刻升起。

保持情緒距離可以讓關係暫時穩定，是一種妥協，讓兩人在想要親近與分開之間找個折衷點。如果焦慮持續升高，保持距離的互動方式漸漸導致情緒疏離，生活中新的威脅再起，或維繫關係的要素消失，這段關係很可能就以分手收場。

情緒衝突

情緒衝突的關係模式是兩人面對相處的摩擦，雙方堅決不讓步。雙方都想控制對方的想法和行為，同時也竭力反抗對方的控制。例如，她抱怨他「跟女同事太親密」，他反駁「那是工作需要」，她指控「辦公也不用那麼曖昧」，他怒斥「那是你多疑」，她威脅「如果你愛我，你就該跟她保持距離」，他恐嚇「如果因此工作做不好，我也不會原諒你。」兩人不斷向對方發射砲火，脣槍舌戰堅持自己的立場，拒絕順服對方。雙方的對話都是互相數落。爭執中的每一句辯解，用意雖是希望對方靠近，卻把對方推得更遠。情緒上來，每一句話都想刺中對方要害。

互不相讓的兩人堅持的獨立自主並不理性。爭的是贏過對方，而不是考量現實狀況的相互合作。這樣的互動形塑衝突關係，雙方常指責對方「什麼都要聽你的」，事實上，是雙方都想要掌控。這樣的關係也是一場權力鬥爭，透過衝突，彼此感覺到對方需要自己，藉由拒絕妥協，維持雙方距離，也可以讓兩人在「自我」與「我們」的拉扯中找到平衡點。雙方的焦慮在吵吵鬧鬧中發洩，變質的關係暫時得以穩定。

支配順從

支配順從的關係模式是相處時，有一方為了維持關係和諧做了較多的讓步調整，以符合對方的期望，避免對立。讓步的原因可能是面對家庭暴力，不得不讓；或是覺得對方需要照顧，不忍心不讓；抑或是自覺對方才是對的，應該要讓。

家暴受害者為何願意忍讓？可能是受害者第一次被傷害時，往往沒有意識到那是家暴，脫序行為如溫水煮蛙般慢慢升級。施暴者又常將責任推到受害者身上，「都怪你激怒我；是你做的事讓我失控……」受害者長期被洗腦，相信自己該負責，或覺得離開會有很糟的後果，因為期待情況好轉而一再忍讓。

不忍心不讓的例子，可能是一方長期生病，伴侶要扛起照顧病人的責任。雙方稍有衝突，病人的狀況就惡化，上演「你怎麼忍心讓我如此難受？」或「我就死給你看……」的戲碼，讓照顧者不忍心繼續爭執，只好讓步。

以為應該要讓的例子，可能是一方長期扮演智者的角色，總以「我那麼看重你，才會希望你能改；難道我高估你了嗎？你真是讓人失望；我只是希望你可以變得更好……」等言辭洗腦另一方。聽者開始自我懷疑，「我的感覺是不對的？我的判斷有問題？」讓步的一方，可能相識之前就缺乏自信，在尋求肯定以及害怕對方失望的心態下，認為自己應該要聽對方的。長久相處下來，逐漸失去自我，自我價值感也日漸低落。

不管是哪一種狀況，忍讓的一方是非常自發性地調適，因為調整自己通常比忍受另一方的威脅、痛苦和失望等情緒容易多了。讓步、調整較少的一方，通常不會察覺伴侶為了維持關係和諧所做的讓步，他們只是很習慣對方的配合，對自己的看法很堅持。不論是忍讓或是接受忍讓的人，他們的想法和行為都助長了這種不對等的調適，可說是一個願打，一個願挨。

表 2　情緒關係模式的互動樣貌

兩人結合	壓力升高	情緒主導的互動	情緒關係模式
• 雙方各自帶著原生家庭養成的習慣與期待	• 調整因應	• 保持距離 • 互不相讓 • 單方忍讓 • 三角化 • 相互退讓	• 情緒疏離 • 情緒衝突 • 支配順從 • 三角關係 • 伴侶互惠

互動時未經審慎思考的單方忍讓，長期下來形塑的關係也稱為自我借貸關係，亦即順從忍讓的一方不斷出借自我，放棄為自己作主的機會，導致自我功能逐漸低落（underfunctioning），強勢支配的一方則是不斷替對方作主，日益膨脹自我功能（overfunctioning）。

另外，包文早期的著作也描述一種情緒主導的伴侶互惠關係（marital reciprocity），是雙方面對歧異，為了降低彼此的焦慮，各自退讓，放棄一點自我，以迎合對方期待維持和諧關係。例如，有不少伴侶在婚後放棄各自原本的工作而共同創業，藉此滿足雙方渴望親近的需求；她讓他對外發號司令，他讓她掌管財務。為了降低外在環境可能引發的雙方摩擦，她為他減少與婚前朋友的聚會，他為她放棄婚後無法一起共享的嗜好，他帶著她出席所有活動，她為他打點生活所需。這種互動方式所帶來的穩定，有賴雙方感覺彼此的放棄是否獲得公平對待，關係和諧的代價是雙方越來越黏膩，越來越依賴對方。在外人看來是神仙眷屬，好似理想的伴侶關係，但兩人的情緒依賴如繭一般束縛彼此，雙方逐漸喪失獨立的自我，甚至無法獨自生活。如果有一方死亡，常見另一方頓失依靠，生活能力下降，有人因喪偶而哀傷致死，有人則是需要好長一段時間，才能適應新生活。

不是所有的退讓都會損及自我功能。如果是獨立自主、經過審慎思考的選擇退讓，退讓的出發點不是為了符合別人的期望，而是為了自己的成長。在理智與情感權衡下，與伴侶溝通後選擇退讓，例如放棄騎重機飆車等危險的嗜好，或培養共通興趣讓相處更加愉快，這樣的退讓並非受情緒主導，也不至於損及自我。不論自我分化程度是高或低，伴侶之間都可能以前述幾種情緒關係模式相處，只是分化程度較高的人不會陷入太深，例如，即使發生衝突也不會過於激烈。

前述的情緒關係模式，討論時將互動關係局限於發生分歧的兩人關係。然而兩人相處所引發的壓力與焦慮，很少局限於那段關係之中，更常見的狀況是把他人牽扯進來。牽扯他人的三角關係在生活中非常普遍，將於後面章節中說明。

自我檢視：

• 描述父母的情緒關係模式，是屬於情緒疏離、情緒衝突、支配順從或伴侶互惠中的哪一種？

第三部

自我分化

——在關係中強調情緒界限

自我分化是指一個人能脫離對原生家庭的情緒依附，可分兩個層次：個人層次是指自我能在理智與情感中求得平衡；關係層次是指能與他人連結，但不受制於他人的情緒。

7 自我分化

「自我分化」（differentiation of self）是指一個人能脫離對原生家庭的情緒依附，發展出獨立的自我（individuality）。自我分化又分個人層次和關係層次：在個人層次，這個獨立的自我能區辨自己的理智與情感，能在理智與情感中求得平衡，能自由選擇當下要依據理智或情感做決策；在關係層次，自我分化程度高的人能在「自我」和「我們」之間取得平衡，有能力區別自己和他人的感覺和想法，能與他人連結，但不受制於他人的情緒，並能用這種能力解決關係間的對立。

如此看來，自我分化不只強調個人的「自我」發展（development of individuality），也強調與他人的關係能建立適當界限，不損及自我的獨立性。此外，包文也用自我分化強調與他人的情緒分化（emotional separation），個體年幼時與主要照顧者情緒融合，要漸漸分開成兩個獨立個體，就像細胞分裂般一分為二，然後與他人的情緒可以有適當的界限。

家庭情緒氛圍

包文視家庭為一個情緒單位，強調家庭成員間的情緒相互影響。孩子生活在家庭中，尤其容易受家庭情緒氛圍牽動。情緒分化良好的家庭允許孩子有自己的想法、感覺和作為，支持孩子的自我分化。

分化良好的家庭（a well differentiated family），家人不會透過情緒性的主觀看法定義孩子，不會因為孩子功課不好，就認定他不夠聰明；不會因為孩子不聽從自己的意見，就指責他叛逆；孩子也不須透過回應家人的期待來塑造自己，他可以設定自己的目標，朝目標邁進。當孩子在不須贏得他人認可的情緒氛圍成長時，他的想法和感覺受到家人尊重，他也學會尊重父母和手足。因而孩子雖是家庭這個團體的一份子，仍保有自己的獨立性，並能建立自己的信念和價值觀。

分化不佳的家庭（a poorly differentiated family），家庭情緒和團體歸屬的壓力強烈。在這種環境，孩子成長至該學會獨立自主的階段，也很難依循自己的想法和感覺行事，例如：家人希望我念理工，我好像應該放棄喜愛的文學；家人不喜歡我的男友，我該和他分手？在這種環境成長的孩子有兩種選擇：一是順應家人的期待，否定自己的感覺與想法；二是叛逆反抗家人期望，家人也本能地回應他的脫序。不管是順應或叛逆，都是未經深思的情緒反應，這樣的孩子，信念和價值觀經常是混亂的。

來看看品萱的例子，她在家庭情緒壓力強烈的家庭長大。品萱的母親在十八歲時意外懷了品萱，奉子成婚，嫁給交往不久、當時尚未服兵役的男友。婚後，品萱媽住在婆家，新婚丈夫到外島服役。品萱媽年紀輕輕住在陌生的婆家，有舉目無親之感，不安、孤單地生下品萱。就像溺水時抓到浮木，品萱自然地成為她的依靠。終於盼到先生服完兩年兵役，不料先生又簽下兩年志願役，甚至四年軍旅生涯結束後也甚少在家。品萱媽沒有工作，她的生活就是積極參與品萱的生活，隨時傳遞所有作為都是「為品萱好」的信念。她認識品萱的每一個朋友，有她們的電話，不但母女關係緊密，也與品萱的朋友熟絡，即使品萱大學畢業工作，甚至結了婚，品萱媽仍然每天跟品萱電話聯絡。

品萱進入職場認識同公司服務的男友，兩人尚未正式交往前，品萱的男友在公司有幾位互動密切的女同事。正式交往後，品萱禁止男友與她認為「曖昧」的女同事說話，男友的回應是「同事間難免要互動」，品萱的情緒隨著這些互動起起伏伏。交往一年左右，品萱的情緒逐漸失控，有一次甚至因為懷疑男友與一名女同事下班後仍互傳簡訊，激動得在公司掌摑那位女同事。品萱因行為失控離職，並前往精神科就診吃藥控制。男友為了穩定品萱的情緒，決定結婚定下來。婚後，品萱仍時常失控。半年後，品萱的先生也離職，兩人搬到南部鄉下，遠離品萱認定的「是非之地」。

個人的自我能否順利由原生家庭分化而出，受家庭中每個成員的想法、感覺和行為影響。品萱自小生活在與母親相依的家庭情緒系統當中，思緒都放在「我們」關係上，是自我分化程度不佳的特徵。品萱的行為受情緒掌控，可由以下幾方面尋找根源：

生理方面的情緒調節機制：一個缺席的父親，很容易造就一個焦慮的母親。品萱媽懷品萱的時候，處於孤獨不安的狀態，懷孕母親的情緒衝擊影響胎兒情緒系統發展。這樣的孩子出生後，情緒調節系統好像少了煞車一樣，情緒發作後，不容易恢復平靜。

主要照顧者自我分化程度不佳：品萱媽的自我分化程度低，可以從她與女兒關係緊密，以女兒為生活重心，沒有自己的朋友或生活圈看出。身為品萱的主要照顧者，品萱媽把自己對「我們」的歸屬需求，放在還沒有分辨能力的孩子身上，品萱因而在不知不覺中接受母親的暗示，認同「男人是不可信賴的」與「身為女人的無奈」，於是長大之後的品萱很難對伴侶產生信賴感。

家庭中重要他人的行為示範：品萱爸和妻女關係疏離，品萱爸面對婚姻壓力，以保持距離的方式逃避問題。父親的逃避與缺席，導致品萱更難學會信任伴侶。

品萱自身對外在環境的反應：品萱面對母親過度涉入自己的生活，反應是順從與接受。品萱媽一句「我養你這麼大，你怎麼可以這麼對我」，就能引發品萱難以承受的愧疚感，覺得自己必須順從母親。品萱以母親看待自己的態度認定自我價值，渴望得到母親的認可，使得她很難有健全的自我概念，情緒也很容易受他人影響。

自我分化的表現

個人在青春期以後，離開原生家庭前，自我分化的程度已經大致底定，這是一個人自我分化的「基礎程度」（basic level）。除非生活遇到重大挫折，或接受特別的自我成長訓練，這個基礎程度才可能改變。個人帶著自我分化的基礎程度成立新家庭，與伴侶互動時自我分化的表現，會因對方的對待與互動，而表現得稍微在基礎程度之上或下。這種因外在環境或重要關係而異的自我分化表現，稱為自我分化的「功能程度」（functional level）。

品萱自我分化的基礎程度，在她離家上大學時就已大致底定。個人的自我分化基礎程度會與父母相近。品萱的自我分化基礎程度應該是與較親近的母親相近，而她後來的表現則依新關係而異。外人看來，她在與男友交往前，情緒還算穩定；但與男友交往後，陷入關係之中，自我分化基礎程度不佳的她，將注意力放在男友的一舉一動上，無法理智分析自己的猜疑是「有所依據」或「源自想像」，而是順著母親告誡「男人不可信賴」的情緒反應去懷疑猜忌。這樣的關係即使有婚約保障，只要她認為「曖昧」的對象存在，焦慮仍然高漲，也讓她自我分化功能程度的表現更為低落，甚至接近精神崩潰而需要靠藥物克制焦慮。當兩人離開品萱所認定的「是非之地」，引起猜忌的肇因不再，她的焦慮得以緩解，自我分化的功能程度可望略為回升。但自我分化基礎程度不佳的她，風吹草動都可能視為威脅，未來一旦又出現誘發猜忌的對象，她的精神狀況也可能再度惡化。

自我分化基礎程度越低的人，功能程度的表現越容易因環境而異。如果建立家庭後伴侶間的互動順暢和諧，基礎程度低的人也能運用理智思考，比較不會為伴侶帶來壓力。如果互動時常出現摩擦而產生焦慮，基礎程度低的人會開始依賴本能反應，而這種本能反應可能被伴侶視為威脅，誘發更大的焦慮，互動容易進入惡性循環。雙方調適拉扯的結果，自我分化的功能程度會產生變化。

以品萱的例子來看，夫妻一方的功能程度調升，另一方則降低，關係中發生自我借貸的現象。品萱精神崩潰，功能程度降低，先生負起照顧品萱的責任，功能程

圖 5　自我分化的基礎程度與功能程度

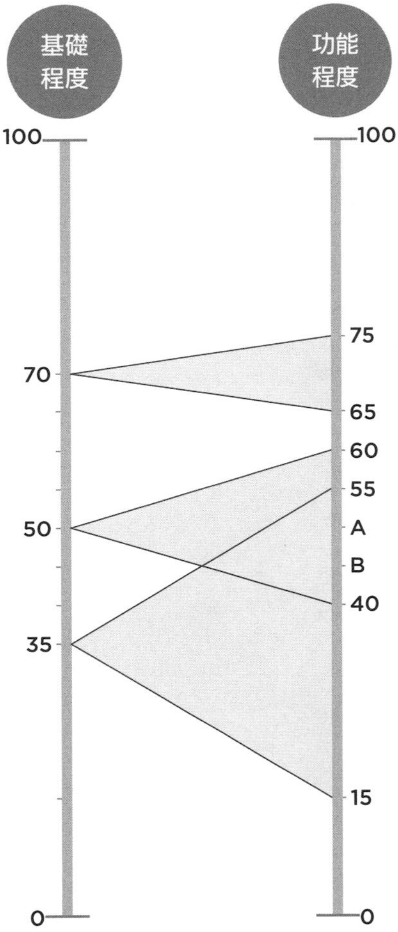

- 基礎程度受原生家庭影響，不易變動。
- 基礎程度愈低的人，其功能程度變化範圍愈大。

- 功能程度受環境和目前關係影響。
- 基礎程度 70 的人，其功能程度的變化範圍 65-75。
- A 的功能程度比 B 高，但 A 的基礎程度可能比 B 低，只因 A 目前所處環境壓力比較小，重要關係衝突小。

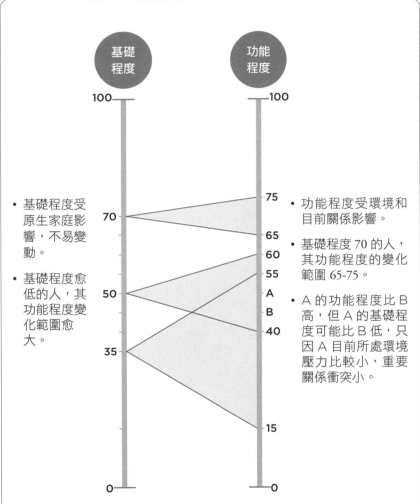

度提升。以數字比喻，假設兩人相識時，雙方的自我分化基礎程度都是35分，基礎程度總分70不變的話，則兩人的互動讓品萱自我分化的功能程度降為15分，扮演照顧者的先生則提升至55分。

自我分化的功能表現可以因時、因地、因關係而起伏。基礎程度越高的人，功能程度越穩定，因情境而產生的變化幅度比較小。離婚可能讓一方功能程度提升，終於能做自己，另一方降低，喪失自信；一般人在職場上的功能程度通常會高於在家庭中的表現；新生兒的出現可能提高父母的功能表現，增加父母的責任感，或因照顧嬰兒的勞逸分攤不均，導致夫妻衝突，而降低兩人自我分化的功能表現。

瞭解家庭系統論並改變自我，首要目標在提升自我分化的基礎程度，基礎程度提高後，面對不同的環境、關係，都能設法抽離情緒理智應對。

自我檢視

- 想一想，你與哪一個人相處時，表現得比較成熟、理智，相處時情緒比較不易波動。描述對方與你相處時，他面對衝突的反應通常是？

- 再想一想，你與哪一個人相處時，情緒特別容易波動。描述對方與你相處時，他面對衝突的反應通常是？

8 自我分化的不同樣貌

有人堅持要「做自己」，但表現出來的只是一種自私，不尊重他人的行為，在做自己的包裝下堅持「我就是這樣」，要求他人配合自己；或者只是想逃離一段緊張的互動關係，防衛性的宣告：「你認識我時，我就是這樣的人」；又或者是，面對衝突時，以「那是你的問題」來規避自己的責任。相反地，也有很多人追尋自我，卻不放棄依賴他人的認可，在他人的眼光中尋找自我，但無論如何費盡心思改變自己去討好別人，還是無法滿足所有人的期待。

提升自我分化，是做自己的同時，不堅持他人改變來配合自己，並且能夠持續與他人保持連結。更重要的是，不任由情緒啟動自己的行動。當一個人理直氣壯大聲宣告要做自己時，其實不瞭解自己展現的只是一種情緒化的任性抗拒。真正的做自己，是經過思考後，做一個自己想成為的人。如果願意努力，每個人都可以透過練習提升自我，成為自己的主人。這個提升的過程，需要在互動關係中一次次的實踐，願意正視關係中的問題，而非迴避對方或斷絕關係。

在邁向提升自我之途，有必要先瞭解自我分化的不同樣貌。包文將自我分化以100分計，等分為四個等級。這種理論上的劃分跟實際的自我分化評量工具並不互相對應，純粹是為了便於描述自我分化的不同程度。閱讀時，可能很難明確地對應自己或親人屬於哪一種等級，這是因為我們看到的都是自己或他人在某個環境下的功能表現，這些表現可能根據情境或互動對象而異，但仍然可以此為出發點，瞭解不同分化等級的樣貌。

低度分化（0～25）

自我分化等級最低。他們長期處於原生家庭的情緒壓力當中，思緒都放在維持關係上，無法積極尋找自我。他們很在意別人怎麼看自己，很在意別人期望他們怎麼做，問他們意見，他們回答感覺：「我覺得……」，卻無法勇敢、誠實的表達。對他人的期待，經常是缺乏理性思考的盲從（如品萱），或是任性抗拒（如聖凱）。因為總是在他人身上尋求慰藉，對於被愛和被接納有著無止境的擔憂，很難活得自在，心思都放在生活中不愉快的事情上。與他人發生衝突時，無法區別衝突原因是自己的主觀想像或是事實，固著的採取幾種無益的慣性反應，如保持距離（害怕退縮）、互不相讓（生氣怒罵）、單方忍讓（沉默聽從）。長期下來，在身體、情緒和行為上就容易出現不良症狀。

這類型者的生命受情緒系統主宰，極端缺乏安全感，或渴望情感上依賴的對象。如果原生家庭的情緒氛圍過於緊張或冷淡，他們可能急著逃離家庭，向外尋找依靠對象，常見的是年紀輕輕就與人同居或結婚。如果在情感上持續遭遇挫敗，他們可能對依賴他人既期待又害怕，在感情上變成遊牧民族，一旦與依賴對象相處的焦慮升高後，就換一段關係另起爐灶，在情感上不自覺地和他人保持疏離，「害怕真的墜入情網而受重傷」。

在極端的例子中，有人可能因為再也無法面對關係中的衝突，而斷絕所有關係，就如部分離群隱居的人，為了避免相處的痛苦而拒絕他人接近。如果不能斷絕關係，也有人本能地隔絕情緒，藉由酒精或藥物成癮來麻醉自己，甚或讓焦慮強到成為精神疾病。除此之外，也有人表現得異常叛逆，或與他人形成自我借貸關係，極端地以暴力脅迫他人順應自己，成為施虐者，或毫無自信的受人支配，成為受虐者。

中度分化（25－50）

大多數人的自我分化屬這個等級。這個自我分化等級的人，沒有伴侶時，常感到生命空虛不完整，一旦有機會與人建立伴侶關係，生命會立刻以關係為重，並在關係中找尋自己的定位和價值。這種人在親密關係的支持下，有機會展現潛能，但發展有限，因為他們經常需要回頭在關係中尋求支持。這樣的人又可以分為兩類：

一類是，生命重心是尋求認可，因此會很在意從他人面部表情、肢體動作、講話聲調來判讀其態度，「他好像對我不滿；他好像在生我的氣……」，情緒容易因他人的讚賞與批評起伏。不論是學校課業或職場工作，他們往往努力取悅老師或上司，更甚於重視學習或工作對自己的意義和價值。在情緒緊繃的互動關係中，他們很容易妥協、讓步、改變自己，或企圖改變他人。

另一類則是，非常執著於說理，但說出來的道理有時似是而非。他們執著於自己的道理，卻有聆聽障礙，無法考慮別人的感受。可能是由於原生家庭中的情緒起伏讓人捉摸不定，這種人成長後極端厭惡情緒，對情緒採取不碰觸、不審視、不感受的態度。當無法處理對方的情緒時，經常不耐煩的回應，「我不是告訴你該怎麼辦了嗎？你怎麼聽不懂呢？」然後轉身離開，逃避情緒。這種人面對問題時，經常急著「解決問題」，習於告訴別人「難過、生氣、緊張也沒有用」，忽略對方感受的同時，只想教導對方該怎麼做才是「正確的」。

這兩種人在面對衝突時，不是委屈自己、不尊重自己，就是無法尊重對方與自己的不同；他們的行為不是過於受情緒左右，就是過於僵化而不重視情緒的重要性；不是過於軟弱、一味退讓，就是堅持對方改變聽自己的。在這種互動關係中，贏的一方更確定自己是對的，妥協的一方則逐漸失去自我。

均衡穩定（50－75）

這類人會依據理智做決策，也清楚情緒能影響自己的判斷，但不再是情緒或感覺世界的囚徒。他們的自我是透過生活經驗，經過反思，一點一滴的累積，而非隨意接受他人傳遞的看法，因此他們不容易被外界撼動說服。他們可以在情感和理智之間轉換，只要無傷大雅，可以放任自己，享受感情用事帶來的喜悅，例如這類人可能理智的列出一堆擇偶條件，一旦遇到「感覺對的人」，也願意遵從「心」而不是「腦」，選擇自己意料之外，但相處起來輕鬆自在的人。

婚姻對他們而言，是一種合夥關係，雙方可以在不被對方剝奪自我的情況下，享受「我們」之間情感的親密。沒有建立伴侶關係時，他們可以擁有完整的自己，不覺得空虛；建立起伴侶關係後，他們的情緒、情感和想法也不會依附在互動關係上。即使另一半對他有不同的期許，他也能維持個人自主，可以跳脫本能反應，客觀分析自己的情緒、情感和主觀想法後，再回應對方。他們的自主與自私不同，會是考量共同利益後，盡量做出對彼此都好的選擇，因此與伴侶可以相互欣賞，相互尊重，各自擁有發揮自我與才華的空間。

成熟智者（75－100）

這是理想的自我，很少人能達到。自我分化達到這個水準的人，最重要的特徵是，不會盲目固執己見，比起前面的理智穩定等級，與人相處時，思緒更有彈性，更能發現自己的盲點並加以修正。面對衝突，他們可以靜心瞭解對方的想法，尊重別人的不同，不急於批評或改變對方，溝通時也能不帶情緒地講理。他們明白，關係中的衝突有時只是反映情緒的矛盾，需要的也許不是講理，而是能否感受對方的心情，讓對方知道無論是生氣還是難過，自己都願意陪伴對方。他們能為自己負責，也瞭解自己對他人的責任，但不會為他人擔負過多的責任。在伴侶關係中，他們對自己和對方的期待很務實，知道自己可以依賴對方，能享受兩人關係，對雙方差異有很高的容忍度，不會要求對方改變以滿足自己的需求。

前述四個等級的差別，在於個人能否讓自己脫離本能與情緒的掌控，能否瞭解

表 3 不同分化等級的樣貌

等級	生命驅力	關係	行為表現
0–25	• 由情緒系統主宰	• 在他人身上尋求慰藉 • 對被愛或被接納有無止盡的擔憂	• 逃家與人同居、叛逆 • 酒精或藥物成癮 • 精神疾病 • 施虐者、受虐者
25–50	• 無法在情感與理智間求得平衡	• 在關係中找尋自己的定位和價值 • 或執著於自己的道理，無法考慮別人的感受	• 妥協讓步改變自己，或是嘗試改變他人 • 過於受情緒左右，或過於僵化不重視情緒
50–75	• 可以在情感和理智之間轉換	• 情緒、情感和想法不會依附在互動關係上	• 能考量共同利益，做出對彼此都好的選擇
75–100	• 情感與理智平衡	• 能為自己負責 • 不會為他人擔負過多的責任	• 思緒有彈性 • 能發現自己的盲點並加以修正

和接受自己與他人的情緒，能否情緒平和的去看清現況，不以自己主觀的需求、恐懼和想像來看待互動關係。

提升自我

提升自我分化的程度，必須在日常生活中應對練習。面對與他人的歧異，先換個思考模式，不急著說服對方，不急著「解決」問題，不假裝自己沒有情緒，不否定他人的情緒，而是瞭解情緒之後，客觀地讓自己不受情緒支配，克制習慣性的衝動反應。當一個人能抽離情緒、平和地檢視衝突所在，才有機會瞭解衝突雙方主觀的「需求」、「恐懼」和「想像」，才有能力冷靜地表達自己的觀點，而不是控訴對方，焦慮地強迫對方同意自己的看法。這樣的自我，才有機會在衝突中找到雙贏的解決方案。

包文主張以提升自我分化的方法，化解家庭關係中的衝突與焦慮，有別於一般人「用『愛』化解家庭問題」的迷思。面對情緒障礙的人，如情緒失控者、受虐者、施暴者等等，以往的迷思是，這些人可能在其原生家庭中缺乏足夠的愛與支持，「如果當初原生家庭能給他們更多的關懷，他們可能不至於如此」。

但以自我分化的觀點來看，情緒障礙導因於無法分化出獨立的自我。一個人如果覺得自己沒有獲得足夠的愛，是因為他仍「飢渴」被愛，這是原生家庭情緒依附過於緊密，導致孩子情緒無法分化的徵狀，未必是他從來沒有被愛。提供關愛和沒有威脅的環境，或許能平緩他的情緒（治標），但無法治療他的情緒障礙（治本）。

要幫助一個有情緒障礙的人，最有效的方法，不是提供愛與關懷，而是要幫助他們瞭解自己的渴望與害怕，進而在生活中練習分辨這種情緒如何影響自己與他人的互動，有意識地克制自己的情緒性反應。

自我檢視

列舉一些徵狀，評估自己的「自我分化」等級。

• 我是＿＿＿＿＿＿等級，例證是：

第四部

互動系統——三角關係

兩人在溝通過程中各執己見，其中一方或雙方轉向第三方尋求支持或轉移焦點，或是他人主動介入爭執。只要第三方稍有偏頗，戰火就擴及第三方，形成三角關係。

9 三角關係

兩人關係出現問題無法解決，在溝通過程中若雙方又各執己見，其中一方或雙方可能轉向第三方，轉移焦點或尋求支持，或他人主動介入。只要第三方的立場稍有偏頗，戰火就波及第三方。當兩人問題牽扯第三方時，這個第三方就是被衝突的兩人「三角化」（triangling），形成「三角關係」（triangles）。

三人一起生活，不一定會形成三角關係。三人關係可以是三個「一對一」的兩人互動。每個人與另一人互動，都能有自己的立場，也尊重他人的立場，且不干涉其他兩人的互動，形成三個獨立的關係。如果兩個人的互動總牽扯第三人，個人堅持立場時經常需要其他兩人妥協，或者每個人都涉入其他兩人的互動，好像有隱形繩索捆住這三人，這種三人關係就是一種三角關係。

三人關係當中，因親疏遠近不同，其中兩人可能較親近，另一人相對疏遠。「同盟」是較親近的兩人形成心理與情緒的連結與支持，同盟外的人感覺自己像局外人被邊緣化，會企圖透過行動與其中一人同盟，換另一人處於局外，稱為同盟關係的動態移轉。這樣的動態轉移，得以確保沒有一個人長期處於局外，而能維持三人關係的和諧穩定。三人關係中即使有兩人同盟，只要沒有哪一方干涉其他兩人的互動，並不構成三角關係。

三角關係的動態平衡

當家庭成員彼此享受親近時，每個成員都想與對方結盟，不想處於局外。以一家三口為例，先生覺得妻子與兒子親近，自己被忽略，以溫柔示好拉近和妻子的距離，讓自己與妻子形成同盟。夫妻感情升溫，兒子處於局外，可能會本能地向母親撒嬌，重回同盟關係。如果父子感情融洽，經常一起活動、打球，被冷落的妻子也可能要求先生空出時間陪自己。家庭中的同盟關係可能在夫妻、父子、母子間流動形成動態平衡。這樣的過程讓三人都能感覺到與他人親近，而這些過程通常是不自覺的本能反應，除非經過練習，學會客觀觀察，否則很難意識到這樣的互動關係。這種因情緒反應而靠近對方的同盟轉移，是屬於焦慮較少、較不明顯的三角關係。

當關係變質，相處起來有較多的焦慮，兩人便不再努力結盟，反而積極牽連第三人形成三角關係。牽連第三人的方法很多：夫妻對立，妻子跟兒子抱怨先生，是牽連兒子形成三角關係；夫妻不合，妻子向自己的母親抱怨先生的不是，岳母責怪女婿不體貼自己的女兒，三角關係中的夫妻對立轉變成岳母和女婿的對立。另一種例子是，經常目睹父母爭執的小孩，經過長期觀察與「訓練」後，會不自覺地在父母爭執時突然生病、翹課或在學校打架……等，轉移父母的焦點，讓父母停止對峙，不經邀請就介入父母關係。

關係極度緊張時，局外人的位置反而成為較佳的選擇，兩人關係中的一方可能會想辦法逃至局外，如母子激烈衝突時，母親可能積極要求父親負起管教兒子的責任。當父親聽命行事加入三角關係，父子爆發衝突，母親則收手退後改當局外人。另一種是常見的婆媳三角關係，媳婦不喜歡婆婆溺愛孫子，請先生介入，先生對自己的母親婉轉開口提醒，如果媳婦一時按捺不住而附和，婆媳起了爭執，先生選擇退處局外。

第三人總是破壞關係？

兩人關係可因第三人的加入或離開，變得更不穩定或更穩定。

變得更不穩定：原本和諧的伴侶關係，在小孩出生後，因雙方勞逸分配不均、面臨經濟壓力、把精力挪來照顧小孩、睡眠不足或獨處時間變少等等，都可能讓雙方的衝突升溫，是兩人關係因第三人加入

表 4　第三人加入或離開三角關係的效果

第三人加入		第三人離開
伴侶在孩子出生後，因勞逸分配不均、經濟壓力或獨處時間變少，衝突升溫。	更不穩定	伴侶在小孩離家後，因擔任關係協調或轉移焦點的角色不在，衝突因缺乏緩衝而惡化。
原本衝突不斷的伴侶，因孩子出生，出現共同目標和話題，關係變得較和諧。	更穩定	經常護著先生的婆婆不再與夫妻同住，撩起戰火的成員離去，夫妻緊張關係緩和下來。

而惡化的例子。相反地，原本融洽的中年伴侶，在小孩離家到遠方就學後，原本擔任關係協調或轉移焦點的角色不在，雙方衝突缺乏緩衝而惡化，是兩人關係因第三人離去而不穩定的例子。

變得更穩定：原本衝突不斷的伴侶，也可能因孩子的出生關係變得較和諧。有了孩子後，兩人可能因此有了共同目標，更多共同話題，更願意負起身為父母的責任，是兩人關係因第三人加入變得更穩定的例子。夫妻衝突也可能因經常選邊站，撩起戰火的成員離去而減緩，比如經常護著先生的婆婆不再與夫妻同住，夫妻關係緊張程度略為和緩，是第三人離開，兩人關係變穩定的例子。

三角化與結盟是自然現象

三角化和結盟是自然現象，是家庭成員互動時的自動化反應，也是自我分化不成熟的產物。只要有群體，三角關係和同盟關係就容易存在。即使只是三個人短暫相處，也可能有兩個人比較投緣而形成同盟，一人在局外。自我分化成熟的人，即使在局外，也能怡然自處，不需與人結盟才有安全感。

怡君的家庭是常見母子結盟，先生不甘長期處於局外的三角關係案例。怡君在原生家庭中排行老大，被父母賦予照顧弟弟的責任。怡君在大學時認識排行老么的先生，交往期間與結婚初期，怡君習慣性地像大姊般照顧先生，兩人感情穩定。

兩人關係在兒子出生後有所改變。怡君身為新手媽媽，擔心有所疏漏，戰戰兢兢竭盡所能的照顧兒子。先生主動幫忙照顧孩子，照顧方式達不到怡君的標準，怡君乾脆拒絕先生幫忙，自己攬下所有的照料工作，精疲力竭沒有餘力像過去一樣照顧先生。晚上睡覺，擔心先生打呼吵到孩子，先生也被要求搬去睡客房。

兒子出生前，怡君與先生關係親密；兒子出生後，怡君與兒子形成同盟，先生被怡君忽略，失去妻子對他的關心照顧，想參與照料兒子也被怡君拒絕，沒機會與兒子培養親密的連結。先生長期被邊緣化，向怡君抱怨，想重拾往日溫馨關懷，怡君的反應是，「我這麼辛苦，小孩是我們生的，你不幫忙就算了，還抱怨什麼？」

兒子漸長，先生管教兒子時，怡君經常干預，並直指先生不瞭解兒子的習性，兒子與她相處就沒這些問題。怡君介入父子互動，形成三角關係。如果怡君能克制自己，選擇在事後跟先生解釋兒子的行為，討論如何適當回應，給先生學習機會，或許可以避免形成三角關係。

怡君干預先生管教兒子，導致先生在孩子心目中的地位低落，往後的管教，兒子學會反抗。父子對立各執己見時，怡君又出面干預，為兒子找理由，先生更加不滿。有次怡君責怪先生，「東西亂丟不整理」，累積不滿情緒的先生則回說，「你兒子都能亂丟，為什麼我不行？」怡君無法理解先生被自己忽略、不受尊重、遭邊緣化的怒氣，視先生的反應為「不成熟、愛吃醋」，怨懟自己「怎麼會嫁給這麼幼稚的人？」目睹父母爭執，兒子選擇跟母親站在同一陣線，更加抗拒父親，於是兒子也介入三角關係。

爭吵引發一連串的骨牌效應讓焦慮蔓延。怡君、先生、兒子都曾經不自覺的涉入其他兩人的互動。當兒子與先生的對立越來越嚴重，夫妻類似的爭吵越來越激烈，三角互動無解又各執己見。怡君面對父子衝突，心力交瘁，「為了保護兒子」，在他國中二年級時，選擇跟先生離婚。

生活當中有許多不經意的三角關係容易被忽略，例如伴侶在孩子面前批評自己的另一半：「你媽總是管太多……」、「你爸很小氣，捨不得借錢給小舅……」，這些對話看似無傷大雅，也是一種牽連孩子尋求同盟的習性。家庭一旦存在三角關係，對立發生時，如果只處理兩人關係，通常沒有太大效果。

以怡君的家庭為例，如果只處理父子關係，教導先生如何與兒子互動，並不能真正解決問題。先生在兒子出生前很習慣被怡君照顧，等怡君本能地把照顧對象轉移到兒子身上，無暇顧及先生的需求時，先生也情緒性地把這個改變視為威脅。伴侶雙方的自動化反應，觸發一連串情緒性的連鎖反應。面對過於緊張的三角關係，怡君選擇離婚，留下母子兩人，這個同盟關係暫時穩定下來。

但接下來的母子關係仍有挑戰要面對。母親無法隨兒子成長適時放手，偶爾仍可發現怡君叮嚀已經念國中的兒子：「天氣這麼熱，你怎麼不脫外套？……你有看到老師嗎？去跟老師打招呼……」對待兒子像對待幼兒一般。習於被照顧的兒子，站在母親身邊毫無生氣地回應。母親與孩子過度融合，有礙孩子發展獨立的自我，即使父親離去，這個家庭的問題依舊存在。

自我檢視

- 請舉出有人試圖把你「三角化」的例子。

- 請舉出你與他人衝突時，企圖牽連第三人的例子。

10 你被「三角化」了嗎？

兩人關係若相當脆弱，面對壓力時，雙方可能習慣性的採取保持距離、互不相讓、相互退讓或單方忍讓等方式應對。此外，三角關係是另一種逃避問題的方式，對立的雙方牽連原本與問題無關的第三方，把第三方「三角化」納入三角關係。包文認為，三角關係是家庭、機構、社會的組成元件，只要有群體，三角關係就存在。把別人三角化的行為到處可見，例如：對孩子數落伴侶的不是；跟先生談論婆婆照顧小孩的方式不對；不跟同事溝通而是向上司抱怨同事等等。

邁向理想關係之途，有必要先學會觀察三角關係如何讓其中兩位主角逃避問題，其次要瞭解身處三角關係當中，可以如何管理自己的情緒和行為。

關係中的角色固定

三角關係的概念可用以理解家庭情緒系統的細緻運作。家庭互動關係中，每個人扮演的角色經常是固定的，行為也常是固定的習慣反應，形成容易預測的互動歷程。常見的一種互動是伴侶間扮演「追逐者─疏遠者」的角色。追逐者越要求溝通親近，疏遠者越想保持距離，藉出差、加班晚歸、在家工作、看新聞等等方式逃離追逐，即使被牽扯到兩人關係間的是「事」（如工作）或「物」（如電視），仍然可稱為三角關係。

不同性別展現出的追逐與疏遠範疇相異，男性通常會在感情方面扮演疏遠者，在性方面扮演追逐者，女性則相反。追逐與疏遠的互動產生過高的焦慮時，如果伴侶一方或雙方把原本應該投注於經營兩人關係的精力轉向孩子身上，把孩子三角化，不論孩子扮演的是轉移父母焦點或是調解父母衝突的角色，都不利於孩子發展獨立的自我。

另一種家庭互動常見的固定角色是「焦慮的產生者─擴大者─阻隔者」。焦慮的產生者是第一個散發出負面情緒的人，在其他成員眼中，他過於敏感、脆弱或吹毛求疵，其實他只是最早對問題出現情緒反應，並不是製造問題的人。焦慮的擴大者是面對他人焦慮無法保持冷靜的人，他不自覺的情緒反應讓狀況惡化，或許伴侶的情緒只要一個擁抱或一句溫暖話語即可平息，但擴大者可能慣性地反駁、斥責或勃然大怒，反而讓焦慮一發不可收拾。焦慮的阻隔者通常和其他兩者保持情緒上的距離，在焦慮過度升高時，擔起平息焦慮的角色。

以「父—母—子」形成的三角關係，孩子扮演焦慮阻隔者為例。妻子（產生者）不滿先生經常加班夜歸，試著要求先生減少工作多陪陪家人。先生（擴大者）情緒性地指責妻子不夠體恤，導致妻子更焦慮。這樣的衝突持續上演，孩子感染家中的焦慮氛圍，本能地應變，應變方式可能是生病、鬧情緒、打架等等，用以轉移父母焦點而暫時停止爭執，不自覺地扮演焦慮阻隔者。這樣的小孩看起來可能體弱多病、是家中的小霸王，或是學校的麻煩製造者；他也是三角關係中的犧牲者——犧牲了自我發展的機會。

以情緒中立「去三角化」

雙方關係惡化牽連第三方，也是自我分化不夠成熟的特徵。伴侶失和向第三方訴苦，通常是因雙方以慣有的情緒「責怪和生氣」回應對方，降低彼此瞭解和相互接納的可能，各執己見無法異中求同。如果第三方加入讓關係更加惡化，也常是因第三方無法理性看待問題，選擇同情其中一方，選邊站的結果就是被三角化，成為三角關係的一員，例如婆婆同情兒子，跟兒子一起責怪媳婦，形成「婆婆—兒子—媳婦」的三角關係，導致兒子、媳婦關係更加惡化。

面對關係衝突的情緒化投訴，如果第三方能克制自己的情緒性反應，不急著「幫」投訴者解決問題，就可避免被三角化。第三方首先應覺察自己的情緒，並有意識地不讓自己陷入情緒性反應，與雙方保持冷靜平和的接觸以維持「情緒中立」。行有餘力的話，可以想辦法協助雙方辨識爭執的本質，看清各自的情緒性反應，瞭解雙方都該為衝突負責，或者退後一步，請雙方冷靜後自行尋找可接受的解決方案。「去三角化」（detriangling）是不選邊站，維持情緒中立，把問題局限在對立的兩人之間。

最常見和最具影響力的三角關係是由「父－母－子」組成。孩提時沒有能力辨識自己身處三角關係，成長後練習以情緒中立的方式與父母相處，也許可以帶動家人改變。如果每次跟母親談話，她就開始抱怨父親，孩子的個人情緒反應或許是想辦法幫忙。但同情母親而介入調解，意味著與父親對立，轉移了衝突的焦點，母親和父親的問題仍然存在，這樣的行為損害「父－子」和「父－母」的關係。

不涉入三角關係或被三角化，最簡單的方法就是請當事人自行處理他們的問題，例如建議母親直接跟父親討論，並拒絕繼續聽她抱怨；或是告訴父親，「他的妻子一直對他有怨言，不曉得為何她不

圖 6　三角關係

直接告訴他」；也有人試著反其道而行，認同母親所有的抱怨，她抱怨父親太邋遢，就附和他真是髒，她說父親不體貼，就認同他少根筋。沒多久，面對一面倒的數落，母親反而不自覺地替父親辯護，「其實他也沒那麼糟」。雖然無法確認哪種方法能有效處理自己的處境，透過練習與試驗，母親或許未必會直接找父親溝通，但身為子女可以藉此去三角化，維持情緒中立，跳脫三角關係。

刻意的公平

第三方帶著焦慮維持「刻意的公平」，效果常與冷靜平和的情緒中立大相逕庭。以「母－子－子」的三角關係為例，母親在原生家庭中深受不平待遇之苦，決心不讓自己的孩子經歷這種感覺，極力想讓兩個兒子知道她對他們的愛是一樣的。她將自己的決心化為行動，買衣服、買玩具……等所有用品都是一人一份；在陪伴與照顧孩子上，也盡可能給孩子相同待遇。她的行為讓孩子覺得「維持公平是母親的責任」。兩個兒子在這種氛圍下成長，學會斤斤計較，經常比較自己獲得的關愛是否與手足相等，視對方為母愛的競爭對手，為自認的不公平爭吵，母親極力想避免的狀況反而不時發生。

兄弟鬩牆看似「子－子」間的較量，但它只是三角關係中的其中一對關係，是「母－子」互動關係誘發兩個兒子的衝突。這個刻意維持公平的母親，帶著焦慮與孩子相處，把解決孩子的紛爭視為自己的責任，急著讓孩子們再度覺得公平，扛起焦慮阻隔者的角色，也讓孩子們喪失學習自行調解衝突的機會。她企圖維繫天平兩端的一舉一動，反而促使兩個兒子持續較量。

連鎖三角關係（interlocking triangles）

當家庭成員超過三人時，這個家庭可能有多個相連的三角關係。當家庭中的主要三角關係有過高的焦慮時，焦慮可以流動至另一個相連的三角關係。在「父－母－子」的三角關係中，當父子衝突激烈，疲憊的母親暫居局外時，孩子可能轉向祖母求援。一旦祖母干涉父親的管教，衝突就移轉到父親和祖母之間，焦慮流動至

「父—子—祖母」的三角關係中。焦慮之所以能從一個三角關係流動至另一個相連的三角關係，是因為被牽扯的第三方（祖母）情緒不中立。

家庭中的三角關係也可能蔓延到家庭之外。在「父—母—子」的三角關係下，孩子在學校行為脫序，導致輔導老師介入。如果輔導老師無法情緒平和的保持客觀，直接認定孩子行為不當，並要求父母對孩子嚴加管教，孩子的父母可能轉而責怪老師，指責他根本不瞭解孩子的實際狀況。父母與輔導老師對立，焦慮便由「父—母—子」的三角關係流動至「父—母—老師」。如果這個孩子的脫序行為違法，執

圖 7　連鎖三角關係

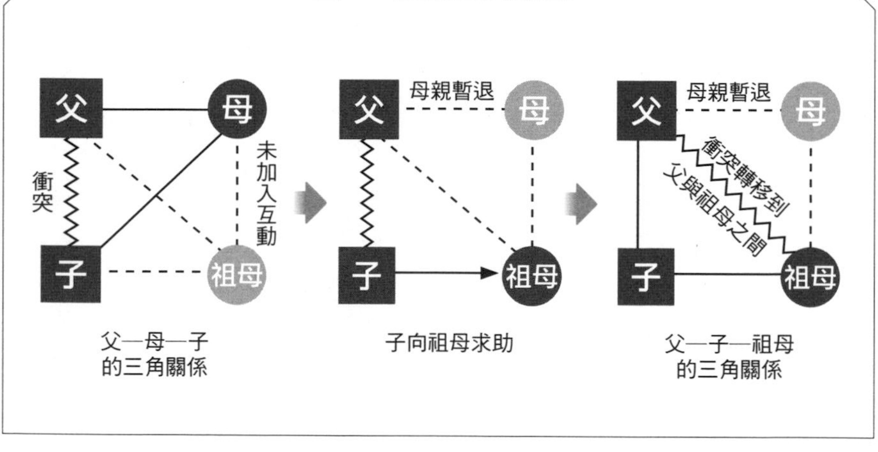

法人員介入或被新聞媒體披露，焦慮也可能蔓延擴大到社會層面，例如當初的臺北捷運殺人事件，整個社會都因此動盪不安。

自我檢視

- 請舉出有人試圖把你「三角化」的例子，以及你可以如何維持情緒中立，去三角化？

自我檢視

• 請舉出家中三角關係轉移，形成連鎖三角關係的例子。

11

如何維持情緒中立？

面對三角關係要如何維持情緒中立、「去三角化」？除了前文所提的覺察自己的情緒、與雙方保持冷靜平和的接觸，不偏袒任何一方，家庭系統論進一步提出三個行動原則。首先，由改變思考方式開始，捨棄傳統的因果觀，克制立刻歸咎問題起因的習慣，改以系統觀的方式觀察人際互動過程。其次，用清楚的語言、肢體表情或行動，傳達自己行動中立的態度。最後，放棄自認的「應該」或「不應該」，不強迫他人照自己的要求行事。

捨棄傳統的因果觀

家庭問題是家庭系統運作的結果，很難歸咎某一個人或某一件事為「因」，要退一步，觀察互動找出根源。如果一位心力交瘁的母親向外求援，她訴說著就讀國中的兒子有亞斯伯格症候群（簡稱亞斯），不願出門與人互動，在家裡經常情緒性的尖叫，先生回應孩子尖叫的方式是動粗，孩子向媽媽訴苦，「我現在只是打不贏……」。採用系統觀，身為局外人的我們可以更全面性的先瞭解這個家庭「父—母—子」的三角關係如何互動，以及在這個三角關係之外，是否還牽扯到其他人，有多個相連的三角關係？如果急著指責這個家庭的先生使用暴力，不知如何與亞斯兒相處、同情無可奈何的母親，或歸咎亞斯兒的固著行為，那麼就是只看見事情的部分面貌，而忽略了問題的全貌。

傳達情緒中立的態度

當我們能用系統觀看家庭互動，就比較容易保持情緒中立。情緒中立不是騎牆派的中立，更不是不做判斷或不表達立場。對這個家庭的問題可以清楚表達立場，同時保持情緒中立，不偏頗同情某一方為受害者，或指責某一方為罪魁禍首。情緒中立的第三方可以清楚表達不贊成父親以暴力相向解決問題，或亞斯兒以尖叫表達不滿的方式，但不會把家庭問題歸咎於父親或兒子，告訴他們應該怎麼做。家庭問題通常是所有成員都有責任。

如何傳達情緒中立的立場，並沒有一定的準則，很難光靠聽講速成學會，需要在生活當中不斷試驗，要把握住目標是協助發生衝突的雙方面對彼此，承擔他們自己的責任。心力交瘁尋求援助的母親需要支持：從她的訴苦可以推敲出，她認為兒子的固著和先生對兒子的暴力相向，是家庭的主要問題。在她的描繪當中，聽不到她自己的角色與責任。

接下來應仔細詢問以蒐集更多資訊。亞斯兒出生後，一歲就交給遠地的外公、外婆照顧。夫妻倆之後生了一個女兒，女兒白天給保母照顧，晚上媽媽照顧。當時夫妻的感情狀態還好。亞斯兒由外公、外婆照顧到上小學才接回來。亞斯兒回來後，生活起居的安排是晚上睡在父母中間，女兒睡自己的房間，後來變成父親睡到別的房間，母親和兒子同睡。亞斯兒升上國中後有自己的房間，母親偶爾仍陪兒子睡。

夫妻倆的感情大約是在亞斯兒搬回家住時開始惡化。目前父親甚少回家，父親與女兒的相處沒有問題。

由前述這些資訊，對這個家庭的關係可以做出一些推測，然後根據這些推測蒐集更多資訊加以驗證或推翻。亞斯兒六歲前，處於「外公—外婆—孫子」的三角關係。孫子在華人文化中通常是受寵的角色，可推測亞斯兒和外公、外婆的情緒相互牽動，無益於亞斯兒的情緒分化。

亞斯兒回到自己的原生家庭後，主要三角關係是「父—母—子」。由一個家庭如何安排睡覺的位置，可以推斷家庭成員的同盟關係。母子同睡可能是母親和亞斯兒情緒連結緊密，形成同盟，但過度的緊密關係也有礙孩子發展自我。根據家庭系統論形成的初步假設可能如下：被排擠在母子同盟外的父親，不自覺地以教訓兒子爭奪同盟位置？或者，母親在父子對立時急著介入，捍衛母子同盟關係？

面對主動尋求支持、想突破現狀的母親，情緒中立的目標，是讓這位母親看懂自己家庭的互動模式，認清自己在這三角關係當中擔任的角色，由自己開始停止習慣性的反應。「你認為現在的問題是什麼？……你也想做些什麼改變這樣的狀況吧？」以類似前述情緒中立的提醒，引導這位母親把心思放在尋找自己可以有的作為。

放棄「應該如何」的成見

情緒中立的第三方不需要在這位母親還不願意承擔自己的責任時，告訴她「應該」怎麼做。告訴他人「應該」怎麼做，讓對方不需要自行思考，無助於他人的自我成長。如果這位母親願意嘗試行動，給她建議的目的，是協助她看清家庭情緒歷程，例如，建議她記錄孩子每次尖叫時家庭的互動狀況。如果真的有必要給予具體的行動建議，通常也是建議對方克制自己的慣性反應，例如，請這位母親試著不要介入先生與兒子的衝突。

如果這個家庭的互動狀況與先前的推測相符，第三方可以幽默地指出：「你是在和自己的兒子談戀愛，你的先生當然會攻擊這個小情敵」，以通俗的比喻協助這位母親看清自己在三角關係中扮演的角色，但不判定這行為的對錯。等這位母親認清自己該承擔部分責任，並尋求改進之道時，第三方可以嘗試問一些問題，引導她思考在三角關係中如何自我管理，包括：「自己為家庭互動模式帶來什麼影響？自己如何將關係三角化？自己可以如何改變在三角關係當中的角色？」第三方的目標是協助這位母親自行尋找解決之道，思考自己可以做些什麼以維持情緒中立，同時跟先生和兒子保持溝通。

應用系統觀瞭解家庭的互動模式，大致明白問題的全貌之後，下一步才是針對家庭的特殊之處，微調相處之道。以這個家庭而言，瞭解家庭中的三角關係，母親願意嘗試維持情緒中立，對兒子適度放手後，她可以進一步針對亞斯兒特殊的行為模式，試著想像自己如果是亞斯兒，會希望母親如何與自己互動？母親可以學習只規範亞斯兒最重要的相處原則：不以尖叫表示不滿。放手不代表亞斯兒就會沒問題，成長過程總是會遇到問題。可以確定的是，當孩子只需面對自己的問題，無須承擔母親的罣礙時，他的表現會更好。母親的掛慮與無法適度放手，不僅無濟於事且有礙孩子自我分化。而在跟先生相處的狀況上，應用系統觀可以協助這個母親思考，到底是哪些事件觸發她採取與先生疏離或對立的態度？她的哪些行為誘發先生的情緒反應？有什麼方式能與先生保持連結，又能保持自己的冷靜？

當這個母親能夠冷靜的與先生和兒子相處後，原本「父—母—子」的三角衝突，剩下「父—子」的衝突對立。這個母親最需要練習的是在父子劍拔弩張之際保持冷靜。單純的不做什麼，冷靜觀察父子衝突時的互動模式也是一種學習。接受而不是抗拒父子間的緊繃關係，讓這個母親面對父子衝突時比較可以維持平靜。她可以繼續與先生或兒子對話，並在對話過程中多花一些精力聆聽。當先生表示對亞斯兒的情緒失控極為惱怒時，她可以先冷靜地同理先生的惱怒，接著陳述自己對亞斯兒的觀察發現，「在不強迫兒子放棄某些無害的固著行為時，他比較不會失控」。與兒子相處時，她也設定最低標準，鼓勵他找出合宜的方式來表達自己的抗議。她誠懇地期待父子兩人能找到消弭衝突的相處方式，但不在作法上予以指導或命令，不承擔父子自行尋找解決方法的責任。

雖然跟亞斯兒的相處需要特殊的調適應對，但思考問題時直接跳到與亞斯兒相處的技巧，是見樹不見林，並非對症下藥。運用系統觀搭配對亞斯行為的瞭解，經過一段時間的練習，這個母親不再為父子的互動憂心忡忡。她專心過好自己的日子，管好自己的問題。漸漸地，先生看到太太改變的好處，與太太能和諧相處後，也學習對兒子放手；兒子也比較能夠冷靜地與父母相處，變得更能安排自己的生活，而非情緒性的叛逆反抗。

圖 8　去三角化的行動原則

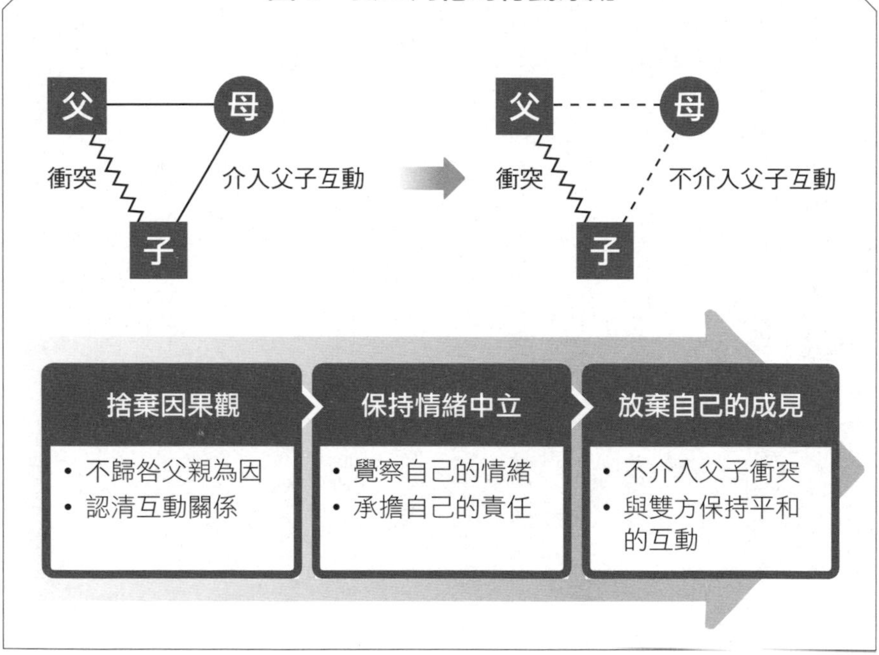
父
母
子
衝突
介入父子互動
父
母
子
衝突
不介入父子互動
捨棄因果觀
• 不歸咎父親為因
• 認清互動關係
保持情緒中立
• 覺察自己的情緒
• 承擔自己的責任
放棄自己的成見
• 不介入父子衝突
• 與雙方保持平和的互動

自我檢視：

• 最近有人遇到人際關係上的困擾向你求助嗎？

• 你有試著推測問題的因果關係嗎？

自我檢視：

• 你有試著告訴對方怎麼做嗎？

• 如果重新來過，你會如何回應？

• 反之，你最近曾因為人際上的困擾向他人求助嗎？

• 對方有試著推測問題的因果關係嗎？

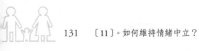

自我檢視：

- 對方有試著告訴你應該怎麼做嗎？

- 你覺得對方提供建議時，是否維持情緒中立？如果感覺對方情緒不中立，請試著描述對方的偏袒行為。

第五部

跨代傳遞

——原生家庭的影響

家庭是一個複雜社會的縮影，手足關係則是個人最早的社交關係。每一個人都是帶著幼時習得的態度和焦慮印記，解讀成長後的經歷。幼時經驗形塑了個人特質。

12 家庭中的手足角色

她，是家中長女，被父母灌輸許多「大姊應該如何」的觀念，自幼承擔照顧弟弟的責任，婚後也仍然持續照顧娘家的父母和弟弟，時常回家探視父母，甚至幫么弟還賭債。么弟自小受父母寵愛，父母出資幫他開修車店，手頭有錢，他開始迷上簽賭，輸錢時跟地下錢莊借，還不起高利貸時逃家失聯，讓父母和大姊替他面對討債集團的騷擾。

同樣的家庭，養出來的人可以天差地遠。

家庭對手足而言，從來都不是一個同質的環境，反而更像是一個複雜社會的縮影。手足在家庭生活，就跟進入社會一樣，同樣要面對權力地位的競爭，同時也要學習相互扶持。在同一個家庭長大，除了性別、出生順序外，各自的出生時機、父母期待、手足數目、出生間隔、相處時間，以及當時的家庭生活環境、經濟狀況等等，都可能讓手足的家庭經驗迥然不同。即使面對相同的事件，手足也因角色不同而有迥然相異的體驗、反應和行為。日復一日的重複反應和行為烙印於情緒系統中，形成手足各異的個人特質。

雖然我們很難光靠手足角色預估一個人的特質，但以手足角色的典型特質為依據，再考量個別家庭的特殊因素，仍有助於推測孩子在家庭情緒歷程中扮演的角色。本章描述不同手足位置的典型特質，個人可用以檢視自身或手足的特質是否符合這些描述。如果認為有些特質不符合，可以思考有哪些特殊經驗造成自己或手足的表現與典型特質不同。

包文並未對手足角色提出自己的理論，主要是引用奧地利心理學家沃特・托曼（Walter Toman）的研究。本文綜合整理不同學者（包括沃特・托曼和美國心理學家法蘭克・沙洛維〔Frank Sulloway〕）對手足角色的論述加以說明，這些說明有助個人以更全面的角度瞭解自己以及家庭系統。

手足性別差異

在重男輕女的華人文化中，父母無意間傳達給兒子和女兒的價值觀迥異。男孩通常比較受家庭重視，將來要對外發展，要帶給家庭榮耀和社會地位。女孩則被賦予照顧家人的角色，未來要扶持自己的新家庭。父母的期待不同，兄、弟、姐、妹的角色也十分不同。以女兒為例，姊妹中的姊姊或妹妹、姊弟中的姊姊，或兄妹中的妹妹，他們的手足經驗模式會不一樣。

家中有異性手足時，如果是一對兄妹，哥哥通常較受家長重視栽培，賦予彰顯家庭地位的責任，哥哥也傾向以忽略或捉弄的方式對待受父母寵愛、但不用承擔太多責任的妹妹。如果是姊弟，姊姊容易被家庭賦予照顧享有特殊地位的弟弟，傾向嫉妒弟弟享受特權。

家中只有同性手足時，兄弟、姊妹間的關係更是受許多因素，包括年齡差距、相處時間長短、彼此間為了得到父母注意的競爭等的影響。手足間的關係或許是親密知心無話不談、相互競爭吵吵鬧鬧，或一方照顧、領導，一方依賴、追隨。

手足排行位置

老大：身為家中第一個出生的孩子，長子或長女在弟妹出生之前，擁有父母所有的注意力，這是弟妹們沒有的經驗，但有時他們所承受的責任，也是手足中最沉重的。如果家庭賦予老大照顧管理弟妹的責任，這些經驗會讓他們成為好的領導者，但過多的責任也會讓他們養成避免失誤的習慣，容易出現過於負責和謹慎的特質。

雖然長女和長子都肩負老大的責任，但家人對女兒的期望不同，即使對長女賦予照顧弟妹的責任，她卻沒有如長子般享有家中的特權。如果手足都是女生時，長女才比較有機會承受家中光耀門楣的期許。而長女之後的第一個男孩，角色通常比較類似長子。

老么：家中最小的孩子，通常受父母寵愛又不須擔負過重的家庭責任，也不須承受父母過多的期許。沒有壓力之下，老么通常比較無憂無慮，不受常規拘束，願意嘗試別人不敢做的事，較能展現創意。這種特質在手足眾多的家庭當中尤其明顯。

在只有兩個孩子的家庭中，如果手足年齡相近，則會被父母以「一對」的方式對待，老么的特質就相對不明顯。如果手足年齡差距大，較大的孩子離家後，老么會有一段時間成為家中唯一的孩子，有獨享父母關注的機會，時間夠長也會出現獨生子女的特質。如果父母過度寵愛，尤其是有眾多姊姊的么子，或有眾多哥哥的么女，常自認是家中注意力的焦點，容易把他人的照顧、身邊擁有的事物視為理所當然，成長後經歷外面的現實容易感到挫折與失望。

中間子女：排行在中間的孩子，既不是父母賦予厚望的老大，也不是父母寵愛寶貝的老么，在這位置容易感覺自己被家人忽略，特別需要努力留下印記，爭取自己在家中的定位。

他們不像老大可以直接應用權力領導手足，也不像老么可以放縱自己恣意揮灑。身處中間，家庭中沒有站在自己這邊的勢力，他們比較容易發展出平穩圓融的性情，在成長過程中練習透過合作與協調，結合家中的次團體。這種經驗有助中間子女發展出傑出的溝通協調能力。中間子女的特質在家中手足都是同性別時尤其明顯。如果中間子女是家中唯一的男孩或女孩時，他或她的中間特質相對比較不這麼典型。

獨生子女：獨生子女享有父母所有的關注，也是父母寄予厚望的對象，他們可能同時擁有老大的嚴謹和責任感，以及老么自覺應受重視的自負。他們的成長過程如果缺少同儕相處經驗，會習慣親近成人，尋求成人的讚許和關愛。與大人相處機會較多的他們，很早就會出現小大人的言行舉止。他們通常會與父母親維持親近的關係。如果是父母過度保護的獨生子女，過度的情緒融合會讓他們比較容易焦慮。

獨生子女最大的挑戰，是學習跟同年紀的朋友建立穩定和諧的長期關係。他們的個性一般來說比較獨來獨往，缺乏努力維繫同儕關係的經驗，較難長期和朋友與伴侶維持親密關係。

手足相處時間

手足相處時間對手足關係有很大的影響。兄弟姊妹童年時期的相處時間越長，彼此關係越密切。同性別且年齡相近的孩子，通常會被父母以「一對」的方式對待，穿一樣的衣服，擁有共同的玩具，共享父母的注意，他們會有很長的相處時間，一起上學、一起玩……等等。相對地，出生時間差距大的手足，彼此相處時間相對較少，一個可能已經上學有自己的朋友，另一個可能仍在母親襁褓中，共享經驗不多。

年齡差距大，除了分開經歷各自的發展階段外，成長過程經驗的家庭演變歷程也不同，同一個家庭，年齡較大的手足，幼時經歷的可能是經濟不寬裕，但全家經常一起出遊的親密家庭生活；年齡較小者，出生時家庭可能已變得富裕，經歷的是父母事業有成，但與孩子相處時間少的生活。在很多方面，兩個手足年齡差距大的孩子，手足共享經驗少，會讓他們各自的經歷更接近獨生子女。

此外，家庭的特殊狀況，如父母離異各自撫養一個孩子，可能讓兩個年齡相近的孩子分開，相處時間變少，導致手足關係疏離；或父母發生意外無法照顧孩子，讓較大的孩子必須扛起照顧者的角色，年齡差距大的兩個手足變得相互依賴且關係緊密。這些特殊的手足經驗，都是在預估手足特質時需要考量的變因。

手足出生時機

如果一個孩子出生時，正值家庭發生重大事件之際，也會影響家庭成員對他的期許或與他的互動方式，因而放大或改變手足位置的特質。例如老二出生不久，老大意外過世，老二的手足角色可能更像老大或獨生子女。或者老么出生時，正逢家

圖 9　影響手足角色的因素

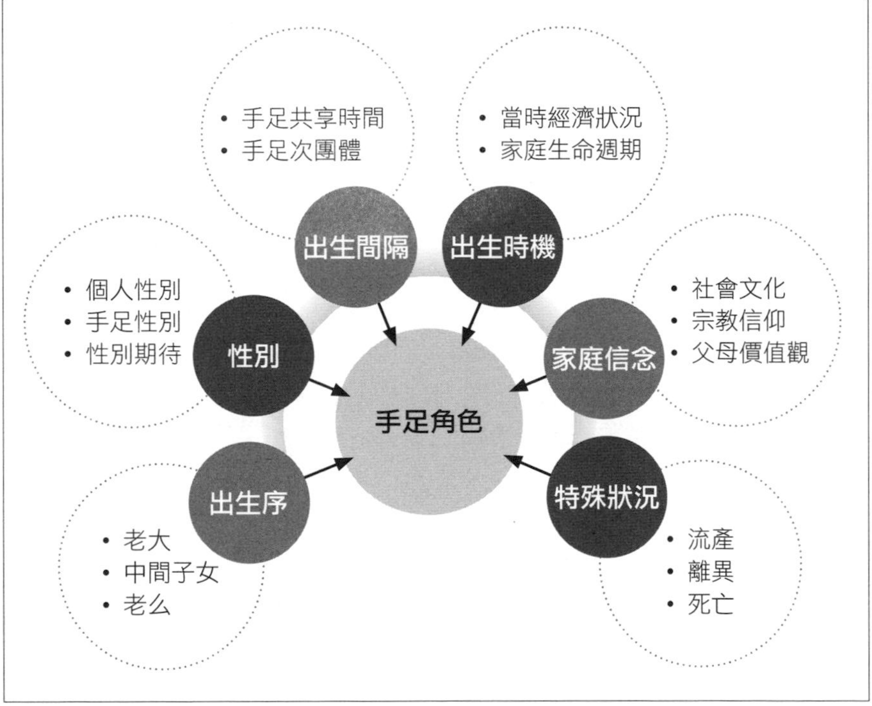

庭經濟變得寬裕之際，他可能被視為幸運兒而更受寵愛，讓老么的特質更加明顯。相反地，如果老么出生不久父親中風，家道中落慌亂之際，母親無暇細心呵護這個孩子，老么特質也可能變得比較不明顯。如果是母親流產多次後才出生的老大，也可能成為母親過度保護的對象，改變了老大的特質。

每一種手足角色都具備某些優勢，也有其限制。個人自我成長的目標是保留手足角色帶來的優勢，超越角色限制。瞭解手足位置的典型特質，並觀察自己慣常的互動方式，有助於個人發覺自己早年養成、但現今已不適用的自動化反應，進而努力修正。如果個人能突破手足角色特質帶來的限制，往往可以提升自我成長、增進人際關係。

自我檢視

• 你在家中的排行位置為何？

• 你有哪些特質符合一般手足位置的特質？

自我檢視

- 你有哪些特質不符合一般手足位置的特質？

- 造成不符合的因素可能是？

13 手足角色與家庭關係

如果家庭是一個複雜社會的縮影，手足關係就是個人最早的社交關係。年幼時由日復一日的手足互動習得如何分享、關懷與競合，這些經驗變成習慣，形塑個人特質。人的本能傾向是安於舊習，長大成人後，挑選的伴侶常是能符合自己早期習慣的人。若是伴侶關係與手足關係相似時，習慣使然，相處起來會更自在。

手足位置與伴侶關係

由手足位置建構出來的最理想伴侶關係，應該是同時具備位置互補和擁有異性手足的組合，例如，先生為家中老大且有妹妹；妻子是家中老么且有哥哥。雙方都有與異性手足相處的經驗，身為老大的先生習慣扮演照顧者或領導者，身為老么的妻子習慣扮演被照顧者或追隨者。反過來，妻子是老大且有弟弟；先生是老么且有姊姊，也是相當契合的互補組合。這樣的伴侶關係與原生家庭的互動經驗相近，雖然無法保證婚姻一定幸福，但雙方相處起來通常會比較輕鬆自在。

靜嫻夫妻就是手足位置互補的典型組合。靜嫻是家中長女，自小被賦予照顧兩個弟弟的責任。先生是家中老么，上有大姊、二哥，習慣接受家人照料，比較無法體會家人的壓力和煩惱。在手足位置的契合上，一個是會照顧弟弟的長姊，一個是慣受姊姊照顧的么弟，原生家庭養成的習慣得以互補。婚後，靜嫻繼續扮演照顧家人的角色，先生則繼續展現無憂無慮的老么特質，習慣說理勸誡家人，卻少有照顧家人的實際行動。這樣的組合，女方主導家庭大小事，做主前她會知會男方，男方通常會同意，他也喜歡女方的建議與鼓勵。夫妻的互動與各自在原生家庭的手足互動相似。

婚姻的手足配對關係中，並非每個組合都是複製原生家庭的經驗。通常自我分化越不成熟的人，在選擇結婚對象時，越容易不自覺地受原生家庭養出的習慣支

配。自我分化越成熟的人，越能跳脫不自覺的習慣。

除了手足位置的配對，其他特殊經驗也會影響伴侶的契合度。舒亞夫妻的狀況就比較特別。舒亞是家中的老么，有哥哥；先生是老大，有妹妹。理論上是契合度最高的手足配對組合。一般來說，這樣的組合很少爭執，而且在家庭分工上彼此能夠相互支援。但舒亞與兄長年紀差距大，手足共享經驗少，她的特質更像獨生女，討厭被干涉，習慣自由不受拘束。舒亞的先生雖是老大，但原生家庭的兩個妹妹年紀相近，妹妹們彼此親近形成次團體，加上他的父母照顧兒女親力親為，對唯一的兒子更是用心栽培，甚少賦予兒子照顧妹妹的責任，他與妹妹們的互動比較是捉弄，照顧者特質不明顯，更像是想逃離父母掌控的獨子，習於反抗他人的約束。雖然是長子與么女的組合，特殊經驗讓舒亞夫婦的相處，某種程度上也接近獨生子、女的組合。

獨生子與獨生女結合，雙方都缺乏圓融的手足互動技巧，彼此較難相處得好，他們一方面想融入對方的生活，另一方面又比其他組合的伴侶更在乎個人空間。兩人會期待對方與自己相處時，能像個成熟的朋友，但這種期待經常落空。

舒亞和先生的伴侶關係，同時有長子么女，以及獨生子女結合的特點。雙方都期待對方的關注與支持，但特別厭惡受拘束。結婚初期，雖然婚姻關係限縮個人自由，彼此願意為新家庭相互配合，沒有人抱怨雙方不夠親密或缺少個人喘息空間，相處上怡然自得，有長子與么女組合的特點，兩人能分工配合。可是等兩人有了小孩，家庭生活壓力升高，便衝突時起。舒亞指責先生「幼稚」，先生回罵舒亞「驕縱」，氣頭上只想重重傷害對方，此時兩人又展現獨生子女的特質。

中間子女如果在原生家庭中有多重

表 5　手足位置與伴侶組合

	理想的伴侶組合	難相處的伴侶組合
手足位置是否互補？	• 互補位置。 • 老大與老么結合。 • 老大習慣扮演領導者，老么習慣扮演追隨者。	• 相同位置，非互補。 • 老大與老大，或老么與老么結合，或獨生子女。 • 雙方習慣的角色相同。
是否擁有異性手足？	• 有異性手足。 • 自小擁有與異性同輩相處的經驗。	• 沒有異性手足。 • 在原生家庭缺乏與異性同輩相處的經驗。

角色的練習經驗，往往是相處起來很有彈性的伴侶。

其他手足配對沒有那麼互補的伴侶關係中，老大與老大的結合就可能出現較多衝突。原生家庭手足眾多，又被賦予照顧弟妹責任的長女，可能會被一個有領導特質的老大吸引，相處初期，對方可能讓她有「終於可以卸下重擔」的舒適感，但隨著時間經過，她可能對他的支配與權威不耐，因為身為長女的她早已習慣自我管理，為自己做決定。

最容易出現問題的組合，可能是有很多哥哥的么子與有很多姊姊的么女結合。這樣的組合，雙方都缺乏與異性長期相處的經驗，且各自都等著被寵愛與被照顧。雙方很難由彼此的對待滿足自己的期望。

手足位置的跨代傳遞

原生家庭的手足角色也影響個人對子女的教養態度，有跨代傳遞的效果。

父母會不自覺地認同與自己手足位置相同的子女。當家中的男孩與父親的手足位置相同時，或女孩與母親的手足位置相同時，父母會特別強調他們的手足位置。

如果父母是眾多手足當中的老大，自覺幼年時辛苦承擔照顧弟妹的重責，弟妹卻可以「不負責任、不受管教」，日後他有自己的孩子時，可能會特別同理老大的處境，並嚴格要求其他年紀小的孩子要順從聽話。同理，如果幼時嫉妒么妹受寵，有了自己的子女後，可能對么女的哭鬧特別有成見。另外，如果某個孩子跟父母過去敬愛的長輩在長相或特質等方面相似，父母也可能特別認同這個孩子。

要是過於認同某個孩子，父母會將自己在原生家庭的互動習慣延續到下一代，形成跨代傳遞。例如，一個幼時經常被哥哥管束欺負的么妹，長大後身為人母，可能總認為自己的兒子在欺負妹妹而加以干涉，久而久之，這對兄妹會接受母親的想法，照章行事，上一代的互動模式就在下一代重演。

身為父母，也可能因自己在原生家庭成長的經驗，而錯誤解讀孩子的行為。以獨生子女長大後成為父母為例，他們可能誤認手足間正常的打鬧行為是異常的脫序行為。父母的判斷與認為，會透過其言行舉止傳遞給孩子，孩子接收這些訊息，久而久之就表現得如同父母的判斷，是心理學上自我預言的實現。

在現實生活中，每個家庭都有其特殊之處，這些手足位置的「典型特質」有許多變異。在現實中判斷一個家庭的互動模式，還是要實際觀察蒐集更多的資訊，手足角色只能作為參考，幫助觀察者形成假設，假設是否成立，還需事實驗證。

例如，舒亞夫妻唯一的女兒出生後，這個女兒是否具有獨生女的特質？舒亞家庭中上一代的行為特質是否傳遞至下一代？這些猜測就是假設，需要蒐集資訊來驗證。

仔細觀察可以發現，舒亞的女兒自小獨享父母的所有關注。舒亞在女兒年紀很小時就讓她參與家庭的許多決策，小至晚餐要吃什麼，大至要選擇哪個學校就讀，舒亞先讓女兒表達偏好，意見相左時則說之以理。先生對女兒更是照顧保護周全，喜歡與女兒鬥嘴辯論，同時扮演照顧者以及玩伴的角色。

舒亞夫妻以平等的態度對待獨生女，女兒視父母的愛護為理所當然。女兒成長過程中缺乏手足相處經驗，常覺得同年紀的朋友想法幼稚，很早就出現小大人的言行舉止，談起話來常有「因為……所以……但是……」這樣的說理習慣。女兒和父母有相似的特質，習於說道理，講究公平，缺乏同理和待人的寬容。

舒亞先生的父母與孫女相處，也一樣對她抱持平等的態度，聊天時，孫女不同意爺爺奶奶的說法會直接反駁，長輩也不介意地繼續辯論。先生的父母當初也是這樣跟子女互動，對孫女則更加縱容。觀察至此，除了發現假設成立外，還能瞭解獨生女的特質是怎麼養成的，上一代的親子互動模式又是如何在下一代重現。

自我檢視

- 瞭解父親和母親的手足位置。理論上，父母的手足位置配對關係是否契合？

• 實際觀察發現父母親的伴侶關係契合度如何？

• 理論與實際如果有不吻合之處，推測可能的原因為何？

14 慢性焦慮

憲文夫妻為了如何付款買車而爭執。雙方各執己見，急於說服對方。憲文希望解了定存來支付，這樣每個月就沒有分期付款的壓力。妻子強烈反對動用定存，強調定存解約的利息損失高於分期付款的利息。其實不管以哪種方式支付，都不會影響家庭生計，但雙方都堅持不讓步，不禁讓人懷疑這對夫妻到底在擔心什麼？

分別探究兩人的原生家庭經驗。

憲文的父母嚴格管控生活消費，一直告誡孩子家裡收入不夠，全家只有重要節日才能吃大餐、買新衣。吃大餐和買新衣成了憲文愉快經驗的象徵。憲文幼時無法從嚴厲的母親身上得到關愛，因而學會在情緒低落時，吃一頓大餐或買一些新衣撫慰自己。對憲文而言，錢的意義是要能隨時使用，讓自己過得舒適，他擔心分期支付的方式，會讓他們每個月需要省吃儉用，無法享受生活。

妻子的原生家庭生活則相反。她的父親靠買賣股票賺錢，他缺乏投資遠見，收入不穩定，卻花錢花得隨心所欲，經濟好時全家會去高級餐館用餐，參加豪華旅遊，買名牌衣物，而非未雨綢繆規劃儲蓄。她對這種缺乏自律的生活方式一直有很大的焦慮。對她而言，動用定存代表生活無法自律，讓她下意識會擔憂。

憲文夫妻在爭執用哪種方式付車款時，他們都沒有辦法清楚地覺察和表達自己內心的焦慮，只是想以道理說服對方，溝通像兩條平行線，無法達到共識。他們的道理無法撫平對方內心真正的憂慮。

焦慮蔓延

情緒是一種身心反應，維持生命運作的本能也屬情緒系統，負責在面對危機時，迅速啟動生存保衛戰。感覺是可意識到的情緒，為生活帶來能量與動力，快樂、愉悅、溫暖、哀傷、憂鬱、焦慮的感覺為生命添加色彩。情緒和感覺是人類生命不可或缺的重要反應，但強烈的負面情緒和感覺卻也能破壞關係。包文統稱憤怒、生氣、不安、害怕、緊張、煩躁、懷疑、猜忌、沮喪、悲傷、憂鬱等負面感受為「焦慮」（anxiety）。

人的一生不可能無憂無慮，生活中無可避免的會感到焦慮。焦慮是個人面對壓力時負面情緒升溫的反應。壓力可以是來自家庭系統或個人系統之外（如經濟不景氣、戰亂），來自家庭系統內（如親人死亡）或個人內心（如害怕不被認可）。焦慮可能是慢性的，多年來或多個世代不自覺地隨著家庭系統傳遞，也可能是急性、短暫的，因當下的變動而起（如看到一條蛇）。

長期的焦慮也稱慢性焦慮（chronic anxiety）。慢性焦慮升溫容易使系統失衡產生症狀。慢性焦慮如果在整個家庭系統中蔓延升溫，其症狀可能是家庭三角關係連結更緊密，或家族中經常出現情感疏離、情感截斷、激烈衝突等症狀。慢性焦慮的升溫如果局限於個人，個人可能出現嚴重的生理、心理或社交症狀，例如慢性焦慮可能改變個人體內的細胞、器官或器官系統的運作而生病，或在心理面導致憂鬱或思覺失調，或在行為面表現出暴力或強迫症等症狀。

憲文夫妻各自的焦慮源於幼時經驗（家庭系統內、個人系統外），以及他們各自對幼時經驗的解讀（個人系統內）。這些慢性焦慮雖然存在，但在他們決定買車之前並不明顯，他們實際上也付得起車款。就實際經濟狀況理性判斷，並不須焦慮，但「解除定存—無法自律」或「每月可消費額度減少—無法享受生活」，事件產生的聯想讓不自覺的慢性焦慮升溫。如果兩人無法覺

圖 10　不同層級的壓力與焦慮症狀

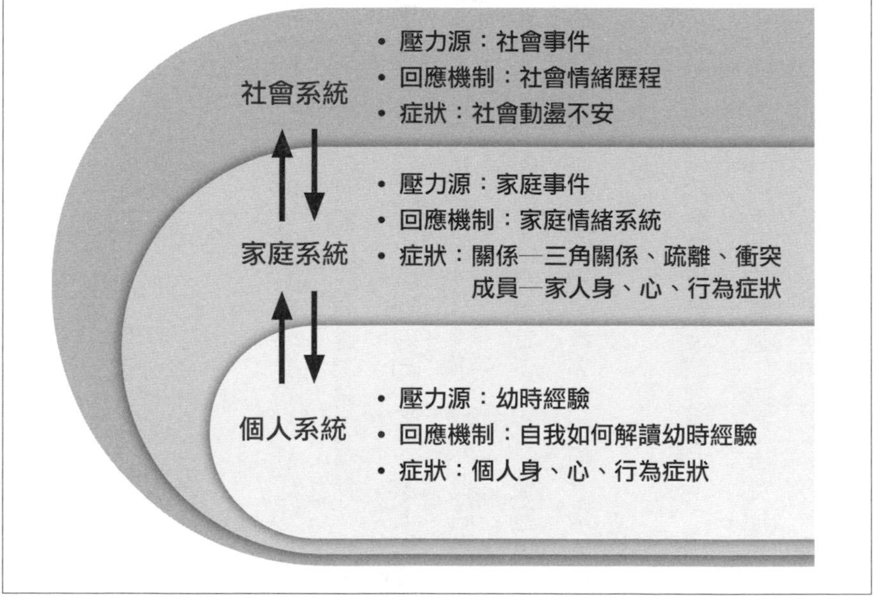
社會系統
• 壓力源：社會事件
• 回應機制：社會情緒歷程
• 症狀：社會動盪不安
家庭系統
• 壓力源：家庭事件
• 回應機制：家庭情緒系統
• 症狀：關係—三角關係、疏離、衝突
成員—家人身、心、行為症狀
個人系統
• 壓力源：幼時經驗
• 回應機制：自我如何解讀幼時經驗
• 症狀：個人身、心、行為症狀

察對方的焦慮，強迫任一方順從對方的意見，另一方的焦慮依舊存在。

幼時經驗

嬰兒出生時已具備產生焦慮的生理機制，嬰兒與父母的情緒融合，父母的焦慮能感染嬰兒，嬰兒對父母焦慮的反應，也會倒過來影響父母。透過家庭互動系統，孩子在生理上習得焦慮反應，心理上也接收這個家庭傳來的態度和信念。家人如果認為自己的孩子相貌平凡，在言談中有意無意的暗示她將來沒辦法靠外表佔得優勢，要靠自己努力爭取成就，她長大後自然而然對自己的外表缺乏自信。反過來，家人如果一直散發出孩子很棒、樣樣傑出優秀的訊息，孩子也會表現出超乎常人的驕傲。

每一個人都帶著幼時習得的焦慮印記生活，以此解讀成長後的經歷。

同樣一件事，有些人會感覺到壓力，有些人卻沒有特別感覺。一個人如何感知壓力，一生會承受多少慢性焦慮，主要受幼時經驗影響，與目前的生活未必相關。

倘若孩子年幼時，父母常在提高嗓門之後責打他，孩子長大後，身旁有人提高聲量，過去經驗形成的「高聲量－責打」連結，就可能激發他強烈的焦慮感，儘管他長大後的生活已經沒有暴力威脅，他的焦慮反應已經不合時宜，但高聲量作為警鈴的焦慮反應早已烙印在他的神經系統中，高聲量隨時可能觸發他的焦慮。

憲文夫妻幼時的經驗讓他們產生不同的焦慮印記，影響他們對壓力的詮釋。對憲文而言，每月付車貸省吃儉用是一種壓力；對憲文的妻子來說，缺乏自律為生活花費解除定存是壓力。這都跟他們目前的經濟狀況沒有太大關聯。

對負面情緒的誤解

家庭中的焦慮氛圍極具感染力和穿透力，即使父母極為小心，想保護孩子不受大人影響，這些保護措施大都枉然，反而讓情況更糟。例如，一位滿懷焦慮的母親，不想讓孩子受自己影響，面對孩子時總是刻意強顏歡笑，讓自己的言行舉止依著教養書中的父母守則，輕聲細語、溫柔講理。但孩子普遍對照顧者的情緒感知較為敏感，依舊能感覺到母親的焦慮。面對焦慮母親所展現的笑容，孩子接收到矛盾的訊息，反而容易困惑，讓他懷疑自己的感覺，或誤解感覺的適當表達方式。

負面情緒不是問題，造成問題的是負面情緒之後的不當行為。

負面情緒有它的價值和功能，有些人可藉由悲傷深思，從失去中獲取教訓，更珍惜自己所擁有的。恐懼也可以提高個人靈敏度，讓人警覺潛在問題，準備好要戰鬥或逃避。嫉妒讓人知道自己想要的是什麼，以及想要的程度。綜合來說，焦慮有其功能，可以讓人更謹慎審視自己，避免重大失誤。

有些父母不認可負面情緒，其實是不認可負面情緒所帶來的不當行為，是誤解了負面情緒，沒有深思負面情緒背後所代表的心理意涵。只要孩子出現負面情緒，父母就想盡辦法要控制這樣的情緒，控制的方法很多，以常見的斥責威脅和討好屈服為例說明。

如果父母選擇斥責威脅，命令孩子趕快收起「不恰當」的情緒，孩子喪失學習辨識、理解、接受負面情緒的機會。同時，這樣的反應也暗示孩子的感受不值得重視，孩子少了學習認識自己、接受自己的機會。這樣的孩子成長後可能習於壓抑負面情緒，或無法正視負面情緒帶來的訊息。

如果父母選擇討好屈服以平息孩子的負面情緒，例如，讓孩子得到他想要的，只求儘速平息孩子的胡鬧，孩子會學到把胡鬧當成工具，用來操縱他人，實施情緒勒索，「你不……，我就……。」不管父母採用的是斥責威脅或是討好屈服，這樣長大的成人，都很難學會適當表達自己的情緒或尊重他人的情緒。

如果父母願意理解、回應孩子的負面情緒，願意帶著孩子認識它、面對它，接受它，並設法從負面情緒帶來的啟示中獲益，將有助孩子學習以更恰當的行為表達自己的情緒，或回應他人的情緒，孩子較有機會發展能在情感與理智間取得平衡的自我。

在憲文夫妻的案例中，並無法判斷他們的父母過往如何回應他們的負面情緒。但是從夫妻雙方溝通時極力以利益得失說服對方，可以推測他們在覺察、理解與表達情緒方面的能力不足。幼時沒有習得這些能力，挽救的方式是在此時此刻的生活互動中把握機會加以練習，比如，憲文夫妻可以學習內省自己真正的恐懼，或關心的詢問對方在擔憂什麼？

自我檢視

回想自己最近一次的負面情緒。

- 當時發生什麼事？

- 當時的感覺是？

● 當時的反應？

● 現在回頭看，這樣的負面情緒有哪些正面意義？

第六部

焦慮蔓延

——典型症狀

家中的慢性焦慮過高時，焦慮會找到出口。焦慮在某段關係找到出口時，關係可能出現激烈衝突或截斷。焦慮在某人身上找到出口時，他可能出現身心疾病或社交障礙。

15

「症狀」是焦慮的出口

當慢性焦慮在家庭內升高至一定程度，焦慮會找到出口。這個出口可以是在某段關係或某個人身上：焦慮在某段關係找到出口，關係可能出現激烈爭執、夫妻離異或外遇等現象；焦慮的出口在某個成員身上時，這個人可能在身體、心理或社交上出現障礙。一般人稱這些現象為「問題」，而包文則稱之為「症狀」，以強調這些現象不是導致家庭情緒系統失衡的「原因」。這些現象是訊息，讓我們知道家庭情緒系統因承受過多焦慮而失衡。

家庭情緒系統失衡最根本的源頭，是家庭成員自我分化不足又遇上不利環境，導致焦慮升高，產生症狀。換句話說，夫妻衝突不是問題的根源，而是問題的症狀，它是夫妻面對不利環境產生焦慮後，不自覺採用互相指責的方式，企圖解決自己的焦慮，由於行為欠缺理性思考，反而讓焦慮在夫妻關係間相互感染、震盪、擴大。

以河水比喻蔓延的焦慮。如果河水高漲導致潰堤，潰堤是河川系統失衡的症狀，河川容納的水量有限（自我分化不足），天氣驟變雨勢加劇（外在不利環境）才是導致水位高漲的「原因」。有不利的「因」，未必會導致不好的「果」。水位高漲未必會潰堤，河川系統本身出現有問題的環節，才會引發潰堤。在家庭中，無法適應環境變化的家庭關係或成員是產生症狀之處。

症狀會不會產生，受家庭成員的自我分化程度，以及家中焦慮強度的影響。家庭成員的自我分化越高，整個家庭的情緒系統越健全，面對不利環境較能理性處理，相對不容易產生慢性焦慮。即使產生慢性焦慮，自我分化高的家庭成員對焦慮的忍受度也比較高，焦慮比較不容易超過家庭成員負荷的上限。

如果家庭成員的自我分化低，成員互動受情緒主導，焦慮容易因不利因素而飆升蔓延，再加上自我分化低的成員對慢性焦慮的忍受度也較低，過多的焦慮很容易超過某個家庭成員能承受的上限，焦慮因而在他身上引發崩潰，出現症狀。

以先生與公司異性同事互動密切為例，面對不利因素，夫妻激烈衝突的症狀會不會出現？自我分化高的人不依賴伴侶得到安全感，較能信任伴侶，比較不會視之為壓力，即使有所懷疑，也會採取較理性的方式溝通，試著瞭解事實或是幽默的表達自己的「失落、不安」；如果伴侶的自我分化也相對成熟，他會理性說明、同理並撫慰她的擔心。如此，焦慮不至於擴大，自然也不會出現家庭情緒系統失衡的症狀。

相對地，自我分化較低的人，依賴伴侶填補自己渴望親密的需求，期待伴侶帶給自己幸福，感情脆弱且缺乏安全感，容易將伴侶與公司異性同事互動密切視為壓力，伴隨而來的嫉妒、失落、懷疑，讓焦慮飆升，她面對焦慮時的本能反應可能是指控先生「搞曖昧」；如果先生的自我分化也不高，面對指責的反應可能是生氣、斥責，這會讓她的焦慮更加擴大，出現更多指責。惡性循環之下，焦慮更容易氾濫潰堤，夫妻激烈衝突可能成為常態。

症狀出現的環節

症狀有轉移焦點、讓焦慮暫時降溫的效果。家庭互動模式導致焦慮集中於某段關係或某個人時，那段關係或那個人就容易成為慢性焦慮潰堤之處。

關係承載過多焦慮時，會出現哪種症狀，與互動方式有關。習慣互不相讓的衝突關係，頻繁的激烈口角可能是關係失衡的症狀。經常以保持距離互動的疏離關係，焦慮極度升高時可能導致夫妻離異。習慣把他人三角化的關係，焦慮飆升時，可能是伴侶外遇。焦慮過高時，單方忍讓的自我借貸關係中，出借自我的一方容易出現身、心或社交障礙。

家庭成員承受的焦慮超過他能負荷的

表 6 情緒關係模式、互動方式與症狀

情緒關係模式	互動方式	焦慮升高的常見症狀
情緒疏離	保持距離	情感疏離、離婚、關係截斷
情緒衝突	互不相讓	激烈口角、暴力相向
支配順從	單方忍讓	配偶出現身體、心理疾病或社交障礙
三角關係	三角化	外遇、焦慮在關係間移轉，或孩子出現身體、心理疾病或社交障礙

上限時，會出現什麼樣的症狀，受內、外在環境影響。以伴侶失和、焦慮轉移到孩子身上的例子而言，孩子會在身體、心理或行為的哪一個層面出現症狀，受孩子先天基因和後天環境的影響。先天基因包括：身體或心理疾病的潛在因子；後天環境有生活作息、飲食、是否暴露於過敏原、是否接觸細菌或病毒感染，以及學校老師或同學的對待等等。焦慮會在這個孩子最脆弱的環節找到出口。如果一個症狀無法緩和這個家庭的焦慮氛圍，這個家庭也可能出現多個症狀。

以妻子為挽回漸漸疏離的先生為例，妻子不自覺地以先生最在乎的孩子當話題吸引先生關注，「他的皮膚起疹子……他最近常感冒……他在學校被人欺負……他的功課趕不上……」，妻子在孩子身上標示「問題」，以溝通孩子的「問題」來拉近跟先生的距離，孩子不自覺地感受到「問題」的功能，一旦慢性焦慮持續的時間過長，或家庭出現更大的隱憂，焦慮超過孩子能承受的極限時，孩子就會本能地配合演出，成為家庭焦慮潰堤之處。孩子的症狀可以轉移父母焦點，讓父母暫時忽略彼此的疏離，團結一致把心力放在照顧孩子身上。

關係模式的影響

習慣讓人不自覺地重複相同的行為模式，不管這個習慣有益或無助於人際關係。個人成長過程中，在原生家庭的情緒互動模式裡養成習慣；離家後往往不自覺地因循舊習，選擇能跟自己一起複製相同互動模式的伴侶。即使個人立志不要重蹈覆轍，習慣的印記還是會讓一個人不自覺地往複製原生家庭互動模式的方向走。一個男人誓言絕對不要選擇一個像母親這樣管東管西的女人，步入婚姻後，妻子無傷大雅的請求，也可能讓他過度敏感地視為干涉而反射性抗拒，妻子委屈埋怨，更加強先生的認定，雙方一來一往，讓妻子的反應越來越像他的母親。

觀察家庭成員如何情緒互動，可以找到焦慮的起因，預測焦慮的出口。一個與父母、手足情緒疏離的先生，會慣性地以疏離的態度與妻子相處。這種態度如果導致妻子將生活重心放在孩子身上，她可能跟具有某種特質的孩子關係緊密，這個孩子可能是老大、老么、最像先生或自己的那個孩子。這種緊密經常是過度糾纏的關懷。假設妻子將焦點放在么兒身上，以轉移夫妻關係疏離帶來的焦慮，而先生因為不用繼續面對妻子的渴望親近，也就順理成章地接受妻子對么兒的過度關注。

父母關注最多的孩子，通常也是自我分化最低的孩子。父母的過度關注與干涉，常讓孩子不得不乖乖配合或選擇叛逆反抗。這樣的孩子，精力不是花在瞭解自己，而是投入在情緒化地回應父母的干涉，與父母的情緒相互牽絆。陷入情緒化人際糾纏的孩子，不易發展出成熟的情緒調適能力，對焦慮敏感且情緒起伏大，容易成為家庭慢性焦慮的出口，也最容易出現症狀。

值得注意的是，人的互動方式雖是由原生家庭習得，但更多的是來自和動物一樣的本能，不須學習也會。例如，受到威脅時，「戰鬥」或「逃跑」的本能，人和動物都有。經驗只是強化特定本能，塑造表現方式。「戰」的表現方式，人類透過經驗學習，表現方式就比動物更多元，可以是直接打架、當面斥責、私底下放話……等。每個人都有「戰鬥」的本能，會如何表現則受成長經驗影響。

芸芸眾生的家庭情緒關係模式呈現許多共通性，就是因為有太多源自本能的行為反應，一旦放棄理性思考，本能就會主宰行為。

症狀的改變

家庭成員的互動方式可能隨時間經過改變，症狀也隨之不同。

剛結婚時，夫妻主要的互動方式如果是妻子配合先生，妻子放棄自己的習慣、離開自己的朋友圈或改變時間分配以維持婚姻和諧。焦慮升高時，妥協較多的妻子，可能出現的症狀是身體不適、憂鬱，或不自覺地耽溺於社交網路以尋求慰藉等等。

結婚多年後，如果妻子不再妥協，互動方式可能轉變為挑剔對方的不是，焦慮升高時，原先由妻子單方承受的焦慮，可能轉移到兩人的互動上。妻子由原先的症狀復原，焦慮外顯，轉而以婚姻衝突的方式呈現症狀。症狀看起來不同，但兩人在追尋「自我」和「我們」之間拉扯的問題本質相同。

症狀不斷改變，能讓不同關係或不同成員分擔焦慮。慢性焦慮飆升，可以是妻子先開始身體不適，過一段時間變成先生憂鬱，孩子上學後，變成孩子在學校適應不良……。只要家中的焦慮不是固定由同一個人承受，就不會有人長期失能。如果家庭的慢性焦慮是在多個孩子之間移轉，那麼這些孩子的症狀可能大多輕微，沒有個別孩子出現嚴重症狀。不過如果焦慮長期由同一個孩子承受，他可能會出現較嚴重的症狀，其他孩子則得以倖免。

父母並不會故意把家庭的衝突與焦慮投注在孩子身上，或故意將焦慮傾注於某個孩子，這些互動模式是不自覺的自動化反應。

自我檢視

- 身邊是否有親人出現身體、心理或行為方面的「症狀」？

- 請描述他／她的症狀？

- 這個親人可能面對的壓力為何？

16 一段關係的結束

當家庭瀰漫焦慮氛圍，家庭成員會本能地採取某些行動解決問題。如果這些行動未經深思熟慮，那麼問題的根源不僅不能解決，焦慮也會持續升高。家庭成員解決問題的互動方式可能導致關係敗壞。本章將以雅芳的婚姻歷程，由關係和諧、衝突不斷、情感疏離、情感截斷，一步步走來，說明伴侶間面對焦慮不自覺的互動模式，如何導致一段關係結束。

婚姻的蜜月期

雅芳與先生在國外工作時相識，兩人相互吸引，交往一年後結婚。他們的婚姻符合包文描述的一般伴侶關係，是自我分化中等的兩人結合。相處初期，兩人彼此關心相互支持，她快樂，他便快樂，他憂心，她為他加油打氣，生活中有彼此，生命變得更完整，兩個自我在某種程度上相互融合。雖然婚姻關係限縮個人自由，雙方都願意相互配合。

婚後半年，雅芳懷孕，由產前檢查至懷孕期的飲食等等，她照著書本執行，先生完全配合。對雅芳而言，這是一段幸福的日子，她過去與家庭疏離，現在終於有了屬於自己的家。對先生來說，雖然沒有心理準備，但他願意盡責扮演自己的角色，合力迎接新生命。這時夫妻表現得像自我成熟的兩人。

新手爸媽衝突不斷

新生兒誕生，年輕夫妻必須同心協力養育小寶寶，這是壓力非常高的階段，此**階段最大的挑戰，是不因親職責任而忽略婚姻關係。**

女兒出生後，家務增加、照顧新生兒睡眠不足，再加上工作繁忙……等等，讓兩人精疲力竭。焦慮升高時，雙方在家務分配上開始起衝突。她先抱怨勞務分配不均，抗議自己承擔大多數家務，先生「只負責一點點，還時常推拖拉」。他也開始埋怨她標準過高，「我沒有不做，只是晚一點做而已」。

除了勞務不均，家庭心理位置也與以往不同。雅芳以小孩為重，女兒原本睡自己的小床，為了方便照顧，改睡在兩人中間；又為了避免夫妻互相干擾睡眠，轉而變成妻子與女兒同床，先生另睡一床。先生成為孩子的爸爸，「丈夫」的角色漸漸式微。先生抱怨性生活幾乎不存在，妻子氣憤回應，「如果你多做些家事，或許我會有精力」，指責先生不夠體貼、付出不夠，只會自私的索取生理需求。雙方都責怪對方該做的事不做。等生活步調稍微能喘一口氣時，兩人恢復和諧，會陪孩子在公園散步餵鴨，享受育兒的快樂。

生活壓力引發的焦慮，讓兩人在勞務分配與性生活上時起衝突，兩人對伴侶有既定的期許，認為對方應該做些什麼，一旦對方無法符合期待，失望接踵而至。面對焦慮，雅芳和先生的情緒性反應是「互不相讓」。雅芳認為自己是在「家裡太亂而忍無可忍時，才開口要求先生做事」，先生原本會自動做的家事，因為雅芳開口要求，不自覺地反抗對方控制，更堅持要依照自己的步調。先生要求性生活時理所當然的態度，則引發雅芳反抗，「你當我是什麼？」雙方帶著在原生家庭養成的習慣反抗對方，形成「你追我逃」的互動模式。在家務整理上，雅芳追，先生逃；在性生活方面，先生追，雅芳逃。

兩個不完全成熟的人長期相處，雙方時而自在，時而難處。自在是因為兩人可以相互依靠，難處則因雙方計較對方是否付出夠多，自己是否獲得足夠。當難處的時刻漸增，關係便逐漸受損。持續的衝突讓雙方看不到對方的付出，焦慮蔓延時，爭吵的指責不再只是針對「事情」，而是否定一個人的「本質」，言詞越來越具殺傷力。

情緒衝突是家庭成員面對歧見時互不相讓，為自身感受到的焦慮尋找責難對象，看不到自己的問題，陷入爭執時口出惡言，嚴重時甚至動手傷人。衝突的根源主要是雙方自我分化不夠高，生活又面臨多重壓力。他們可能曾經在衝突中長大，又或許有艱難的童年而對衝突不陌生，看不到衝突之外還有其他選項。如果雙方能開始注意自己該負的責任，衝突就有消弭的契機。

難融入公婆家庭

雅芳和先生因工作調回台灣後暫住公婆家，先生的么妹未婚同住。雅芳幼時缺乏與長輩和同性手足相處的經驗，不知如何與公婆、小姑相處。她平日早出晚歸，假日睡到自然醒，享受婆婆留下的早餐。家庭成員相聚閒聊，她則在自己房間忙公務，在先生家人眼中是個有距離的人。婆婆沒有指責，但小姑看不下去，她召開家庭會議，規定雅芳應該「每天倒垃圾……不能讓父母反過來照顧你們」。雅芳震驚且自覺受辱，期望公婆制止這樣的無禮，卻「只看到婆婆微笑望著自己的女兒」。先生斥責么妹不懂事，么妹大哭，控訴「哥哥站在嫂嫂那邊」。

一場家庭衝突隱含多個三角互動與同盟關係。婆婆與自己的女兒同盟，與媳婦關係較疏遠，是人之常情；在妹妹眼中，哥哥則與嫂嫂是同盟。妹妹訂定家規介入婆媳相處，先生斥責妹妹無禮介入姑嫂衝突，都是三角關係。同盟無法避免，但三角關係可以不必存在。婆婆可以自己要求媳婦協助，而嫂嫂如果覺得小姑無禮，可以自行回應。但所有的互動是一連串的情緒反應，一個接一個，當事人沒有停下來思考。衝突過去，心結仍在。為了避免衝突，雅芳夫婦搬離公婆家，採取保持距離的疏離方式。偶爾帶孩子回去探望，雅芳盡責做該做的事，旁觀公婆與兒子、孫女快樂閒聊，不知該如何融入這個家庭，覺得自己是個外人。

夫妻情感疏離

女兒上國中後，以功課繁重為由，關在書房讀書、寫功課和上網聊天。因為成績名列前茅，雅芳夫婦也就未加干涉。三人平日各忙各的，晚餐是三人相處交談的主要時間。就寢安排仍是孩子霸佔主臥與母親同睡，先生則睡在兒童房，女兒在家中的心理地位顯然高於父親。女兒假日不再喜歡跟父母出遊，雅芳選擇在家陪伴，先生則獨自外出釣魚，夫妻有各自的生活重心，採取保持距離的方式互動。

雙方在家務分工與性生活方面仍互有不滿，但吵來吵去都是一樣的台詞，漸漸懶得吵，情感愈來愈疏離。她降低自己對居家整潔的要求，寧願自行整理或要求女兒幫忙，不再開口要求先生盡責以避免衝突。他在性生活方面對她失望，推斷她年紀大，接近更年期，逐漸不太要求她「履行義務」，偶爾拋出一句「我如果有外遇，都是你的錯」來威脅恫嚇。對感情缺乏安全感的雅芳，原本認為先生除了懶散外很值得信任，面對先生的威脅，懷疑他「為自己未來的出軌鋪路」，對先生更加失望冷淡。先生的威脅原意是想要拉近距離，卻讓兩人距離更遠。

情感疏離是雙方以保持距離的方式面對焦慮，習慣性的保持沉默，或把焦點轉移到自己的工作或興趣上，或是彼此只談小孩的事，不再分享各自的生活點滴。當然也有人藉距離欲擒故縱，實則期待對方靠近，或者企圖由觸礁的關係拉開距離以重整自己的情緒。但疏離和冷靜不同，一個人轉身離開，關起房門停止對話，也是一種強烈的情緒。疏離的一方常誤以為保持距離可以給彼此空間，殊不知，距離或許可以暫緩焦慮，長此以往，卻可能讓焦慮更加高漲。採取保持距離以疏離對方的人，通常也與原生家庭缺乏連結。克服疏離的課題是更換適當的自我調節方式，每天抽出幾分鐘與對方接觸，把疏離的關係慢慢拉回到正軌。

夫妻情感截斷

孩子離家就讀大學後，雅芳夫妻的生活頓失交集。缺少孩子轉移焦點，雙方相處上的陳年問題逐漸浮出檯面。面對空巢期，兩人配著電視新聞晚餐，餐後她偶爾邀請先生一起散步，散步時先生的話題經常是「漂亮女同事受資深同事欺壓，我……，漂亮女同事找我……」，雅芳問先生是否想外遇，為什麼都要強調「漂亮」？先生否認，但不改談話內容。這樣的談話方式是先生不自覺地牽扯外人作為第三者，企圖讓雅芳關注自己，但也引發雅芳極大的焦慮。雅芳自認對感情缺乏信任，推斷自己的焦慮源自缺乏安全感，她安慰自己，「他只是故意言詞挑釁」。

雅芳沒有對先生提起自己的焦慮，選擇避免交談。有次先生提及，朋友勸他與某位女同事保持距離，他回說「怎能拒絕美女」。於是她開始相信先生與女同事真有曖昧，「不然為何連朋友都要規勸」。點滴事證，再配上她不安的想像渲染，焦慮升高至難以承受時，她主動提出離婚，先生在訝異中拒絕。兩人協議先分居，由先生搬離住處。分居一年期間，「他四處遊玩」，經常傳送旅遊照片給雅芳。她認為先生在炫耀「沒有你的日子，我也過得很好」，因而堅持離婚。

情感疏離發展到極端，就是「情感截斷」，是面對長期慢性焦慮或強烈急性焦慮發展出來的激烈手段，離婚就是一例。情感截斷雖然能暫時舒緩焦慮，但只要問題未解決，焦慮便依舊存在。即使面對下一段關係，仍然可能出現相似的處境。克服的方法是學會辨認自己習慣的互動模式，以及潛藏於此模式底層的焦慮，找出自己的焦慮源，思考自己可以做些什麼來緩和強烈的情緒。

孩子的情緒反彈

無論長到多大，父母離婚對孩子都是很大的衝擊。青少年正在學習如何跟他人建立真摯的朋友、伴侶關係，父母離異會讓他們對婚姻價值產生懷疑。再加上青少年的理智運作尚未成熟，面對父母離異的傷害，通常很難冷靜釐清自己的感覺，有些青少年會以行為脫序或自我傷害來發洩無以言喻的痛楚和憤怒。雅芳剛上大學在外住宿的女兒選擇沉默不溝通，冷淡回應父母的手機傳訊。學期結束回到沒有父親的家，「像一隻刺蝟」，不經意的談話都能引發她激烈的情緒回應。

離婚後，雅芳和前夫的應對反而變得客氣有禮。當雙方不再對彼此有期待或認為對方應該如何時，兩人反而能相互尊重。偶爾三人相約聚餐談談近況，反倒是女兒會突然情緒爆發，讓場面尷尬。女兒不諒解父母離異，原因之一是離婚破壞了原本的家庭系統，也就是破壞了她熟悉的生活習慣。不管這習慣是好是壞，人的本能是習於舊的，習慣帶來安全感，改變習慣容易帶來不安與焦慮。

離婚後，雅芳和前夫各自經營自己的生活，女兒對自己不再成為父母討好的對象感到焦慮。家庭成員面對熟悉的互動模式改變，常有的情緒性反應就是抗拒，包括：一、指責改變者錯了；二、要求停止改變，回到過去；以及，三、威脅不改回來，就要如何。女兒的暴衝與疏離也是情緒性的抗拒改變。

為了改善離婚後的母女關係，雅芳嘗試說服女兒用正向觀點看待父母離異，同理父母的處境，卻徒勞無功。單憑安撫、勸說、催逼是很難改變他人的。改變需要發自內心，願意為了自己的成長而改變時，才會有最大的動力。雅芳與女兒的關係雖然是雙向的，但令人驚訝的是，要為母女關係解套，雅芳卻得有單打獨鬥的決心與覺悟，因為期待女兒改變，又是把「應該如何」強加在對方身上。雅芳可以做的是：從自己開始，先明白情緒是相互感染的，只要有一方能設定情緒界限，面對對方的情緒反彈不為所動，不自我防衛，也不反擊，對方的情緒反應通常不會持續太久。雅芳試著不讓女兒的情緒暴衝影響自己的情緒，不急著為自己選擇離婚辯解或指責女兒無理取鬧，因為這些情緒性回應只會引發女兒更大的情緒反彈。

情緒反彈是阻礙人與人之間相互瞭解的最大障礙。一個人情緒化地表達自己時，容易讓別人下意識地反抗這種情緒壓力，因而無法接收溝通的內容。當雅芳面對女兒的情緒時，需要先釐清自己的感覺，並練習理性思考。對女兒情緒暴衝的感覺可能有無奈、委屈，甚至怨懟女兒的不體諒，但感覺通常來得急也去得快。雅芳如果被這些情緒淹沒，跟著感覺行事，就無法冷靜分析女兒情緒背後所隱含的焦慮。雅芳如果能有意識地保持冷靜，才能開始有效思考。能不對他人的情緒反射性地回應，也是提升自我分化的具體做法，關係才有機會改善。

離異後的調適

離婚後，雅芳接受諮商，因而明白小時候突然被送去外婆家住，讓她承受遭父母遺棄的恐懼。她幼時渴望父母的關愛，對父母的「遺棄」又過於敏感脆弱，學會了自欺欺人，自我洗腦，沒有父母她也可以很獨立。

依據包文的觀察，與父母關係切割越嚴重的孩子，長大後越容易在未來關係中重蹈覆轍。雅芳幼時學會情感疏離的自我保護機制，抱持「不依賴任何人，才不會因為失去對方而難過」的信念，一旦婚姻中的焦慮緊張升高，她便下意識地採用這樣的方式逃跑。選擇離婚是她不自覺的防衛機制，以情感截斷面對即將失去的痛苦，選擇「不去愛，這樣才不會受傷」。

接受諮商後，她也發覺，深藏心中從未對人提起，幼時遭受長輩性騷擾的經驗，讓她極度厭惡強迫施壓的性關係。這也能解釋為何剛結婚時，雅芳並不排斥與先生兩情相悅的性生活，抗拒始於先生要求雅芳「履行義務」的強迫感，她不自覺地反感拒絕，引發他更強烈的索求威脅，刺激她更強烈的抗拒，雙方的焦慮透過惡性循環放大至無法妥協。而雅芳當時無法我自覺察這些情緒反應，藉由諮商省思，才提升到意識層面。瞭解自己的狀況後，雅芳明白離婚解決不了問題，除非提升自我，否則相同的運作模式會反覆出現，即使有下一段關係，狀況也不會改善。

應用家庭系統論的觀點，雅芳漸漸學會看懂過去家庭中的三角關係、同盟關係與互動模式，讓她有機會以更全面的觀點瞭解家庭關係，並以更超然的態度觀察自己的情緒歷程，也更願意克制自己的情緒反應。面對女兒的反彈，雅芳可以跟孩子的父親說明自己的看法，徵詢他的意見，把前夫當作資源，合作學習如何在離異後與女兒相處。很多研究證實，離婚後如果能與前任配偶保持聯絡，建立新的界限和區隔，維繫情緒中立、開放、平等的關係，離婚後的關係和其他關係一樣重要，對而且對孩子會有正面影響。

自我檢視

- 觀察身邊的關係，有沒有出現關係受損的症狀？請描述其症狀。

- 上述症狀源自哪一類的互動模式？保持距離、互不相讓或三角化？

17

失去自我的家人

當家庭焦慮氛圍蔓延，除了損害關係，家庭成員不自覺的行為反應，也可能導致某個家庭成員自我功能低落。狀況可能是伴侶間，一方替另一方做太多決定，導致另一半逐漸失去獨立自主的能力；或者牽扯第三方（通常是小孩），以致第三方無法發展出成熟獨立的自我。不論自我功能低落的是配偶或小孩，總是有扮演高功能的一方，出於善意或不自覺，替對方擔負原本屬於他們的責任，剝奪他們為自己負責的機會。

失去自我的配偶

「失功能配偶」搭配的是高功能配偶，這是伴侶間自我借貸的結果。在這樣的關係中，高功能配偶說教支配對方，為對方設定生活目標，替對方行使自我功能；失功能配偶則是聽訓順從，把思考的責任丟給另一方，採「單方忍讓」的互動方式自我退讓。症狀嚴重時，失功能配偶可能失去獨立生活的能力，而高功能配偶承擔過多的照顧責任則容易身心俱疲。

夫妻間支配—順從的關係是兩人自願的相互配合。誰扮演高功能或低功能的角色也可能因狀況互換。諮豐的父親是受人敬重的里長，心臟病突發過世後，諮豐承擔起照顧母親和大姊、小弟的責任。事實上，只要身邊的人有困難，無論是家人或員工，諮豐都盡力援助，承接父親「照顧者」的角色。

諮豐初識妻子時，心疼她的童年遭遇，決心保護她一輩子，掛在嘴邊的經常是「有我在，沒事」。婚後他勸妻子放棄工作，「把自己整頓好，比較重要」。妻子順從辭去工作後，偶爾有人找她合作案子，他會替她分析狀況，結論通常是「對方未必可靠，不須冒這個險，真的想做，我可以贊助妳」，最後合作案都不了了之。

有了小孩之後，妻子的心思全放在照顧孩子身上。她管教不聽話的小孩，他會阻止她，勸誡她不要過於激動，要她練習調整自己的情緒，反省自己的處理方式。日復一日，在他和兩個孩子心目中，家庭衝突都是肇因於妻子的情緒，她也默默接受這樣的定位，認定自己是個童年受到傷害，心智不成熟且沒有能力管理自己情緒的人，於是她開始接受藥物治療。

諮豐除了是妻小的支柱，還要照顧原生家庭年邁的母親，應付姊弟家庭中大大小小的突發狀況，並要管理自己的公司，身體終於不堪負荷，中風臥病在床。面對先生突然失能，妻子被迫獨立。兩年後，尚未復原的諮豐很訝異妻子居然撐得過來。妻子不再用藥，覺得生活充實，「終於找到自己的定位，受到肯定」。

依據包文的理論，伴侶雙方的自我分化程度通常相近，否則不會相互吸引。高功能配偶很難相信這樣的概念，因為他們總認為自己適應力較佳、較有才幹、較具判斷力，是個性較成熟的一方。事實上，為高功能角色帶來成功關係的，是失功能的一方願意退讓。諮豐建議妻子放棄工作、為她評估合作案、阻止她管教小孩等等行為，在在暗示妻子，她沒有能力自行找出答案或自我管理，而她也不自覺地接受這樣的暗示而出借自我。諮豐的功能性自我得以提升，其實來自於妻子自願配合放棄部分自我。諮豐的中風，讓妻子有機會重新為自己負責，並承擔照顧先生的責任。

我的孩子有問題

「失功能子女」通常是三角關係的犧牲者。父母無法處理雙方的問題，因而聚焦在孩子身上，惦記孩子多過自己的婚姻。孩子承受家庭的焦慮，情緒系統失衡，自我分化的發展受阻，其外顯症狀可能是孩子的生理疾病、情緒失控或社交障礙。

以下以恩慈家為例來說明。

么兒的症狀：恩慈育有二子，她一直覺得么兒的發展比較慢。因為擔心掛慮，恩慈每年安排么兒接受發展鑑定，鑑定結果都正常。么兒升上小學二年級時，醫生應恩慈要求，為了提高么兒的專注力，開立治療過動症狀的藥。

恩慈請導師叮嚀么兒服藥。導師對她的要求感到驚訝，學校並為此開會討論。一年級班導師說明，孩子剛入學時的確比較膽怯，有時會情緒性的摀著耳朵不聽指示，哭訴不知道該如何做。經過一學期的調適，他越來越有自信，「只要讓他按自己的步調做事，他都能把課業弄懂」。第二學期，他擔任小班長，協助同學處理衝突，能公正分析，並給同學建議。但經過一個暑假之後，二年級的班導師發現他與同學少有互動。導師安排了家庭訪問，恩慈告知么兒仍會尿床，形容他「天生能力弱」。

猶豫膽怯、摀著耳朵拒聽、含淚哭訴等是焦慮症狀，么兒的這些症狀在一個沒有過多壓力的學習環境下逐漸改善。暑假過後，孩子行為退化、夜間尿床，這跟情緒有關。孩子如果在暑假過後大幅退步，通常是家庭有問題。老師們認為孩子有情緒問題，恩慈卻認為是么兒的能力問題，要求醫生開立的又是抑制過動藥物，她的判斷和應對脫離現實。恩慈追蹤么兒的發展，竭力找證據去證明么兒有問題，前述種種跡象顯示，恩慈或許才是需要協助的對象。

家庭狀況：恩慈婚前服務於貿易公司，精明能幹。婚後一年，老大出生，恩慈在家庭和工作無法兼顧下，辭去工作，成為全職媽媽。么兒與老大相差近四歲，恩慈對老大的描述是「非常聰明」，么兒則是「發展慢，兩歲還不大講話」。

恩慈自評夫妻關係「還好」。除了少數應酬，先生大都會回家吃晚餐，假日也會全家出遊，兩人偶爾溝通不良，「算了，也不用再提，你也不能改變他……很多夫妻不都是這樣」，是恩慈對婚姻的註解。先生形容自己是粗線條，所有事情都可以大事化小，「有飯吃，穿得暖，可以出門露營，這樣的生活就可以……」，對恩慈的描述是，「不明白為什麼有那麼多情緒？」

綜觀恩慈的生活概況，她重視家庭，做事積極有效率。面對家人，恩慈自知無法改變先生；老大表現優秀不需要她操心；相較之下，表現平凡的老二，就成了她用心加以改善的對象。

原生家庭：恩慈是家中長女，自幼承擔照顧弟弟的角色。婚後仍然持續照顧娘家的父母和弟弟，照顧事宜小至處理父母的帳單，大至幫小弟還債。恩慈的小弟備受父母寵愛。父母出資幫他創業，他與朋友合夥被騙得背了一身債，因而離家躲債。討債集團騷擾父母，恩慈只好用婚前工作的積蓄幫小弟還債。私房錢還債用光後，只能請求先生幫忙，先生幫了一兩次之後勸她說，「這是無底洞啊……不該這麼寵……這只是助長不負責的行為……」。先生無法體會妻子的放不下。恩慈曾經對先生不願相助有怨言，但「這幾年想想，先生說的也沒錯，繼續幫下去也不是辦法」。弟弟躲債好長一段時間，直到「去年討債集團被警方逮捕，弟弟終於回家」才告一段落。

針對重要事件畫出時間軸之後，問題的根源浮上檯面。恩慈懷么兒的時候，也是小弟債務問題爆發的時刻。受寵的小弟出事，全家都得伸出援手。

恩慈面對這件事心中多有糾結。首先，無止盡的金援引發她很大的焦慮；其次，面對父母對小弟的溺愛，恩慈有怨氣，卻無法對父母的無助置而不顧；再者，自己焦頭爛額處理債務危機時，先生的理性以及拒絕金援，雖然有道理但缺乏同理，讓她感到孤立無助。

焦慮過高時，恩慈的不自覺反應就是轉移焦點。當她全心全意關注么兒的「發展遲緩」時，她為自己找到無法繼續扮演原生家庭救火員的理由：「我的兒子有問題，需要我照顧」。么兒被拉扯入「夫妻衝突」和「原

圖 11　恩慈家重要事件時間表

恩慈的小弟離家躲債
2002
結婚
2004
老大出生
2005
恩慈離職
2008
么兒出生
2010
認為么兒語言發展遲緩，每年帶他接受發展檢查
2014

生家庭糾結」的三角關係。么兒的「症狀」一方面讓她得以與原生家庭保持距離，也讓夫妻由對立轉為並肩面對么兒的「問題」，焦慮得以緩解。

這焦慮轉移是恩慈不自覺的本能反應，么兒也不自覺地回應母親賦予他的角色，扮演家庭焦慮的出口。恩慈眼中么兒的問題，成為么兒自我實現的預言。由么兒的症狀也可看到家庭關係和孩子的「情緒」、「生理」息息相關。家庭關係的焦慮誘發孩子的情緒問題，孩子尿床是情緒引發的生理反應，情緒問題也影響孩子的學習適應。

恩慈接受輔導，瞭解自己下意識地藉著處理么兒的「問題」轉移焦點，驚訝、沉澱之後，慢慢消化這個訊息。她試著由看清自己開始，以系統觀重新詮釋自己和先生，以及自己和原生家庭的互動。她試著與原生家庭設下界限，不讓原生家庭的要求與期待影響自己的情緒；也試著不讓自己的情緒影響孩子，不再緊盯著么兒的一舉一動，擔憂他的學習進度，學習放手，讓么兒有自己的成長空間，讓他依循自己的本質發展，孩子也逐漸不再出現「適應問題」。

自我檢視：

- 身邊有失功能的親人嗎？如果有，請試著描述他／她的症狀，並以系統觀描述其家庭互動模式。

第七部

邁向理想關係
——自我分化的提升

無論現在的家庭關係如何，改善是可能的，而且最好從自己開始。當個人有能力以不委屈自己的方式與家人和諧相處，自然也能改善其他場域的人際關係，成為更好的自己。

18

成為更好的自己

想要修復家庭關係，別無他途：要由提升自我分化，成為更好的自己開始。努力的方向應由內而外，首先是「自我」成長，包括認識自己、接納自我，以及實現自己的最大潛能；然後是促進「分化」，與人互動時，妥善設定自我界限，覺察與接納自己的感受但不受情緒主宰，能運用理性思考；決策時，能悠遊於理智與情感之間，並取得平衡。

自我分化高的人活得自在。他們不用在意別人的眼光，不依賴別人的認可，自然而然也就不用浪費生命去尋求他人慰藉。他們不會糾結於父母是否偏愛其他手足，自己是否讓父母失望，又或者伴侶是否關心自己，孩子是否符合自己期待。他們會把時間花在為自己的人生努力，而不是總想著別人或想著關係。

理論上，一個人的自我分化在青年時期已大致底定，而且人們傾向複製在原生家庭習得的互動模式，運用於日後的重要關係。所幸，包文的臨床經驗發現，提升自我分化是可能的，即使是一點點微小的成長，都可能為生活方式帶來新面貌。只要一個人能夠開始覺察自己的「情緒」和「理智」運作，並嘗試應用這樣的自覺去面對關係，就已經開始邁向提升。

要如何練習覺察自己的「情緒」和「理智」？

包文建議從回到自己最熟悉、最習慣的原生家庭開始。家庭塑造個人特質，一個人自小生活的家庭環境，是認識自己最好的地方，對原生家庭的情緒系統瞭解多少，對自我的瞭解就有多少。

回到原生家庭，看清自己與父母、手足的互動模式，是讓自己有能力與他人維持平順關係的捷徑。畢竟每個人身上的問題都是老問題。回到原生家庭，嘗試改變自己與家人的互動模式，就好像把過去考壞了的考卷拿來重做，由過去沒做好的地方開始練習，是最有效的方法。

回到原生家庭的目標是提升自我分化，實際的執行步驟包括：一、辨認家庭情緒系統的運作模式；二、擬定自我改變計畫；三、在互動中練習與修正。以下分別說明。

辨認家庭情緒系統的運作模式

家庭情緒系統有不同層級，較大的系統可以是包含整個家族跨越世代的關係，再小一點是原生家庭的互動系統，更小的是自己與其他家庭成員一對一的互動系統。觀察由大到小不同系統的運作，有益於我們從不同角度認識自己。

瞭解整個家族的運作，有助於我們拋開因果關係的思考方式，脫離責難和

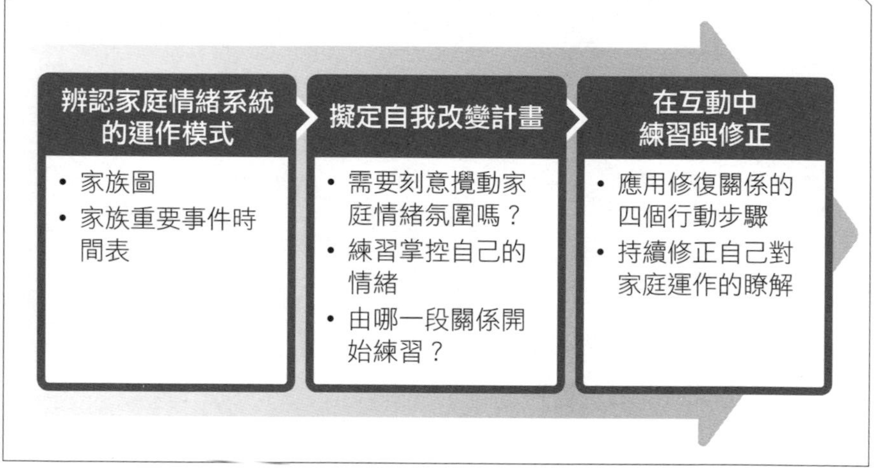
辨認家庭情緒系統的運作模式
• 家族圖
• 家族重要事件時間表
擬定自我改變計畫
• 需要刻意攪動家庭情緒氛圍嗎？
• 練習掌控自己的情緒
• 由哪一段關係開始練習？
在互動中練習與修正
• 應用修復關係的四個行動步驟
• 持續修正自己對家庭運作的瞭解

圖 12　在原生家庭提升自我的步驟

批評的態度。例如，習慣性與家人保持距離以進行「情緒疏離」的人，如果發現「情緒疏離」的現象重複發生在好幾個世代的許多關係當中，就能理解往日傷痕是積習已久的互動模式所造成，造成許多陳年遺恨的是不自覺的本能反應。寬闊的觀察角度有助於我們看出互動模式的重複性，同理家族成員看不到其他出路的處境。至於如何透過訪問家庭成員、畫家族圖、羅列家族重要事件時間表等瞭解家族的互動模式，將在下一章中說明。

最貼近自己的互動，是自己與個別家庭成員「一對一」的互動關係。回到原生家庭，盡可能與父、母、手足等重要家庭成員單獨相處，像科學家一樣，冷靜觀察自己與對方的互動模式，辨認是否屬於「保持距離」、「互不相讓」、「相互交換」、「單方忍讓」，或「三角化」的其中一種，瞭解這些模式如何讓彼此的關係更加失衡，冷靜覺察是哪些因素觸發自己採取這些互動模式，有利於擬定自我改變計畫。

年輕女孩抱怨：「我爸被奶奶寵壞……看到我都沒好話……常說我什麼都做不好，有事又都交代我……老愛問我考試準備得怎麼樣……很煩。」問及這個女兒如何回應父親時，她的回覆是不理他、當作沒聽見或轉身離開。女兒對父親有很多不滿，說著說著就委屈流淚。要修復父女關係，她的第一步是要看懂自己對父親採取「保持距離」的回應方式，看到自己的責任，覺察自己如何習得這樣的本能反應，以及這種模式是否重複出現在這個家族。

雅芳離婚後回到原生家庭觀察自己與家人的互動，才驚覺「情感疏離」和「情感截斷」在自己的家族中是常態。她的祖父與祖母離婚後續絃，父親與再嫁的生母甚少聯絡。父親二十出頭由祖父安排結婚，二十七歲外遇離家與雅芳的母親同居，疏離了原生家庭，並斷絕與元配組成的家庭關係。雅芳的母親是養女，與養母關係不親密，十七歲逃家，二十歲與父親同居。雅芳的三位兄長中，有一位已經離婚。而雅芳幾乎不與兄長聯絡，因為「看不慣他們沒出息，總是丟一堆爛攤子要父母或自己幫忙收拾。」原來整個家族的人際互動習慣是遇到困難就逃離。看懂「情感疏離」和「情感截斷」如何跨代傳遞成為自己的情緒性反應，接下來，雅芳就可以擬定計畫，思考如何以更成熟的方式與原生家庭的成員互動。

擬定自我改變計畫

如果是以提升自我分化為目標，回到原生家庭想有所改變，就需要事先擬定計畫，慎思如何以不同的方式扮演自己的角色。缺少事前規劃或執行方式的演練，很容易在跟家人互動時，因為習慣而被拉回舊模式，故態復萌。習慣是根深柢固的，就算自己想要有所改變，家人也會不自覺地抗拒。

擬定計畫時，要將大部分的注意力放在自己身上，而不是放在批評和教導家人。如果原生家庭一向較安靜、沉默、含蓄，有時候就必須刻意攪動情緒，才能讓三角關係或情緒互動歷程浮現；如果家庭的情緒氛圍一向火爆緊張，就有必要事前練習放鬆和舒緩情緒的技巧；如果跟父親太難溝通，可以由母親開始。與家人對話，學習如何聆聽與保持好奇的態度，有助瞭解對方的想法。當自己愈能同理家人，互動時愈能維持穩定的情緒，愈能理性思考如何擺脫固有習慣。

在互動中練習與修正

看懂家庭互動模式之後，願意由自己開始改變，也能事先演練溝通技巧和行動策略，但行動開始後，改變方向未必能全然如我們所願。

首先，我們以為自己看懂了家庭互動模式，但或許只看到冰山一角。在互動中繼續觀察，修正自己的看法，才能更深入瞭解家庭情緒互動歷程。其次，我們擬定的行動計畫未必有效，有必要隨時調整。無論是專家或教科書，都無法為我們提供最佳行動策略，唯有透過試驗修正，由失敗中學習，才能找到適合自己和家人的互動方式。再者，即使行動方案沒問題，但執行時可能無法維持情緒平穩、無法聆聽出對方的弦外之音，使得成果不盡人意；無法克制自己的衝動，也會讓我們重回舊習。最後，就算自己真的有所改變，家人的抗拒、批評與情緒反彈，也可能讓我們動搖。

透過持續的練習與修正，當自己能做到傾聽、不攻擊、不自我防衛，維持情緒中立，基本自我已經開始提升。自己的成長能讓家人看到改變的好處，或許能帶動家人改變的意願，即使家人冥頑不靈拒絕改變，自己也能練習設定界限，不再受關係困擾。更詳細的行動步驟在第二十章中說明。

回家不是為了改變家人

「回家」是為了追尋自我成長，學習與家人建立平等、舒適的互動關係，而不是控訴家人、為家人進行心理輔導，或試圖教導家人相處之道。如果回家後的行動是把家人過去對自己的不尊重、虧欠，或自己對家人的怨恨拿出來翻舊帳，那就是把改變的焦點放在別人身上，是期待他人改變，通常也只會得到家人的情緒性防衛，再次引發衝突與焦慮，落入慣性互動模式。

靜芳在癌症末期，回家對自己的母親訴說幼時被忽略的委屈，得到的也是母親反射性的否認、叫屈，而不是靜芳期望的母女和解與解開心結，這是靜芳維持因果關係思維的結果，她看不到自己該負的責任，把改變的責任放在母親身上。

在家庭中以具體行動改善自己與家人的關係，對自我分化的提升，遠超過只在諮商室討論家庭關係所帶來的效果。這樣的努力除了能成為更好的自己，也能終結不良互動模式的跨代傳遞，造福自己的下一代。

自我檢視：

- 選定一個家人，描繪你與他的互動模式。

- 你可以如何改變與這位家人的互動方式？

19

分析互動模式

當我們決心回到原生家庭，看清自小習以為常的家庭互動模式時，需要一些具體的方法，畫「家族圖」（family diagram）和「重要事件時間表」是有用的起點。

何謂家族圖？就是用一些跨國通用的符號呈現家庭成員間的親屬關係、互動關係，以及一些身心症狀。家族圖讓我們容易記住家庭的複雜脈絡、開啟系統化的視野。依據家族圖，我們可以對家庭問題提出假設，藉由這些假設，蒐集更多資訊。重要事件時間表，則有助我們釐清家庭事件的連鎖反應。

繪製家族圖

想動手畫出自己的家族圖，只要在網路上輸入「繪製家族圖」，即可找到許多教學，說明各種符號代表的意義，甚至可以下載免費的家族圖繪製軟體。如想獲得更詳細的資訊，啟示出版的《家庭評估與會談技巧》一書則有詳細的實例解說。若要藉家族圖看出家族中重複出現的關係模

圖 13　常見家族圖符號

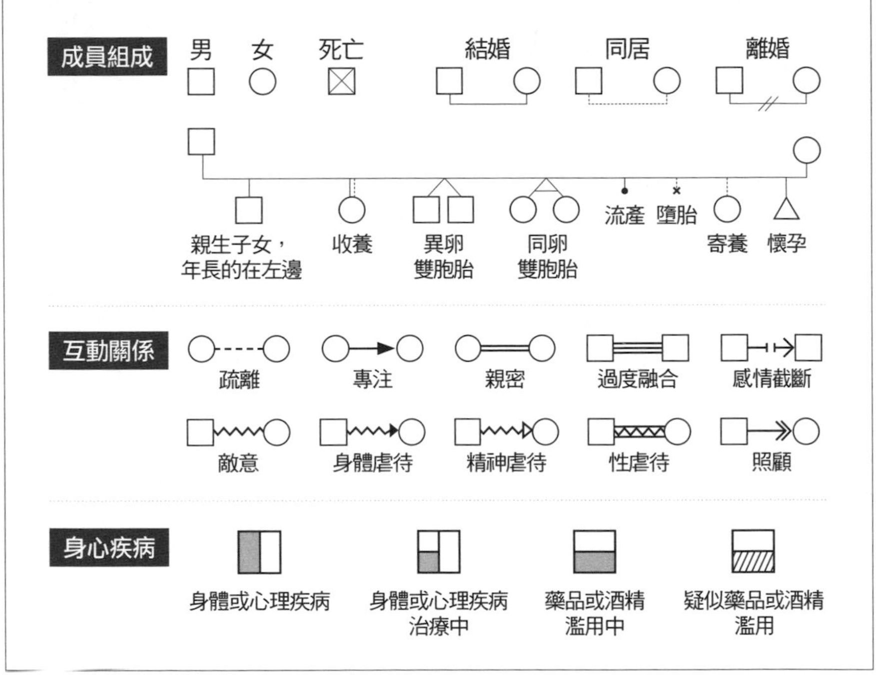

式，畫家族圖時，最好能涵蓋三個世代以上的家庭脈絡。

繪製家族圖時，可以同時蒐集有助瞭解家庭關係的資訊，包括：一、重要事實資訊，如成員出生與死亡時間、教育程度、職業、婚姻關係等；二、上一代中，父親和母親各自與其父、母和手足的關係，以及父親和母親各自的手足角色為何；三、在自己這一代，每個手足的角色為何？手足各自與父、母的關係如何？家中存在哪些三角或同盟關係？

由訪談瞭解上一代的脈絡

如果不清楚家庭上一代的關係脈絡，可由訪談父、母和重要親戚獲得。圖14是離婚後的雅芳回到原生家庭，試圖畫出自己的家族圖。在繪製過程中，雅芳需要訪談原生家庭成員，每個家庭訪問的問題或許略有差異，但有許多共同點。以雅芳訪談父親為例，訪問他的問題可以包括：

- 祖父如何與祖母認識進而結婚？他們一共生了幾個孩子？他們離婚的原因

是什麼？祖父又如何與你的繼母認識？他們一共生了幾個孩子？你排行第幾？

- 祖父對你而言，是怎樣的父親？你和繼母的關係如何？在你的弟、妹當中，你和誰的關係比較好？和誰的關係比較差？
- 你和你的前妻又是怎麼認識的？你會如何描述她的個性？你們一共有幾個小孩？小孩和你的個別關係如何？
- 你和母親是如何認識的？她何時知道了你的婚姻狀況？你會如何描述她的個性？她的父母如何看待你們的關係？

訪談時，謹記受訪者陳述的是他的主觀詮釋，必須盡量搭配客觀事實和不同受訪者的觀點以瞭解概況，盡可能避免依據單方的主觀詮釋，去分析家庭互動模式。

在繪製家族圖的過程，雅芳發現自己對原生家庭既熟悉又陌生，詢問父母上一代的關係，遇到不願啟齒的議題，父母經常以轉移話題，或是以「忘記」來敷衍了事。家族圖中的許多「？」，她過去不聞不問，現在看來也是家中的禁忌。許多家庭成員不想面對的話題，有可能對成員的自我成長有深遠影響。

即使無法畫出完整的家族圖，個人仍然可以試著依據家庭成員的組成、手足順序以及特殊家庭狀況，提出一些假設，並根據這些假設蒐集更多資訊。

探討手足角色時，以雅芳的父親為例，他身為長子，但在原生家庭是「前妻的兒子」，因此他可能沒有一般長子的特質，他與他的父親或繼母，或與其他同父異母的手足關係可能比較特殊。根據這些假設，雅芳可以進一

圖 14　雅芳的家族圖（省略出生日期等事實資訊）

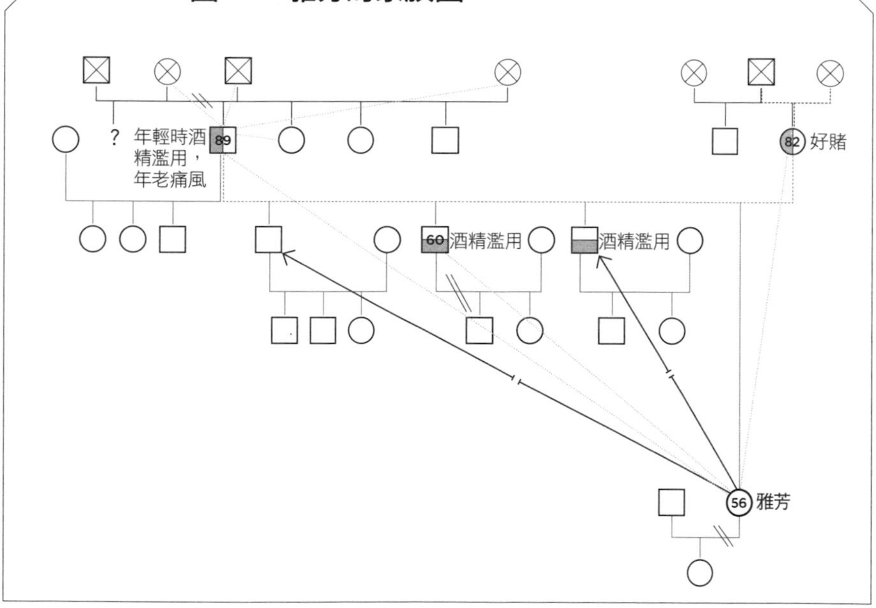

步詢問父親與其原生家庭成員的相處經驗：「你多大時離家？你的父親對你離家有什麼反應？你的繼母比較偏袒弟、妹嗎？……」。由這些探詢，雅芳發現父親與其父、母、繼母、同父異母手足之間的關係疏離。同樣地，雅芳也發現母親與其養父母、手足關係疏離。雅芳自己也與父母、手足關係疏離或截斷。疏離（少聯絡、避免接觸）與截斷（刻意不往來）的關係重複出現在家族圖中，這表示雅芳的原生家庭成員習慣以「保持距離」的互動方式來面對衝突。

由相處觀察互動模式

家庭成員的親疏關係，或許可以由成員的描述得知，成員間的互動模式卻很難單由訪談得知。互動模式大都是不自覺的習慣，除非有意識的觀察分析，家庭成員通常沒有能力覺知。我們能做的是回到原生家庭，觀察家人之間的互動，以及直接與家人一對一互動。

雅芳回到家，父親在寒暄過後便開始聊其他家人：可以是母親簽賭毫不節制；

或抱怨大兒子升遷靠他的關係，現在卻不知感恩圖報；或二兒子沒工作，安排他去做資源回收也不肯做；或自己生病時，小兒子不開車送他去醫院，要他搭計程車去……。

雅芳抽離情緒，重新看待這樣的互動：父親習慣性的把她納入三角關係。而她過去就是跳進三角關係中，想插手「矯正錯誤」或「主持正義」。母親的行為也與父親相同，不停向她抱怨其他家庭成員的「罪行」。聽著這些「訴狀」，雅芳試著感覺自己的情緒，有本能的厭煩、想逃，對父母的心疼、擔心，繼之而起的則是對被指控者的氣惱，以及無法解決家庭問題的無力感。

觀察至此，不難發現雅芳為何極度不願回家，並盡可能與父、母、手足「保持距離」，雅芳的行為其實也是不自覺的反應。

重大家庭事件

家族圖可以具象化呈現家庭成員的組成、關係，以及成員的身心症狀。家庭重大事件時間表則能呈現家庭事件發生的順序，能幫助我們發現事件的連鎖反應。

由雅芳繪製的家庭重要事件時間表（圖15，已刪除部分細節），可以看出金錢糾紛是雅芳與原生家庭手足疏離或截斷的導火線。但為何會有金錢糾紛？由時間表看見的連串反應是：某個孩子需要資金，於是雅芳的父親（退休前）提供資金，或要求其他孩子投資或協助（退休後），接著是被資助者沒有達成目標（如創業失敗，或無法支付投資者利潤，或沒有完成原先資助目的），然後有手足要求撤資的衝突或對手足失望，最後的結果是手足疏離或情感截斷。

對雅芳的父親而言，整個家族是一個大系統，各自成家的孩子有自己的次系統，他會干預這些次系統的運作。無論是雅芳的父親自己資助孩子或要求子女資助手足，都是模糊或跨越次系統界限的做法。這些做法加上雅芳父親把問題三角化的習慣，長子和三子衝突後疏離，雅芳則是對兄長的「不成材」失望，進行切割，與其他次系統保持距離，是次系統被長輩強迫融合後的反彈。

雅芳面對父親把問題三角化的互動習慣，首先可以選擇積極參與三角關係（指責或協助其他成員）；其次，忍讓默默接受三角化的要求（聽父親指示，不情願的介入或協助）；第三，直接拒絕父親，面對與父親的衝突；四、與父親保持距離，遠離是非；或五、情緒中立的界定自己的立場。雅芳曾短暫嘗試過前三項的回應方式，最後停留在自小耳濡目染的互動習慣四。第一至第四種都是受情緒支配的反應，是自我分化不夠成熟的特徵。這是雅芳在原生家庭中沒做好的功課。回到原生家庭，看懂家庭互動模式後，面對熟悉、重複出現的課題，雅芳可以練習以情緒中立的態度回應父親的抱怨與要求。

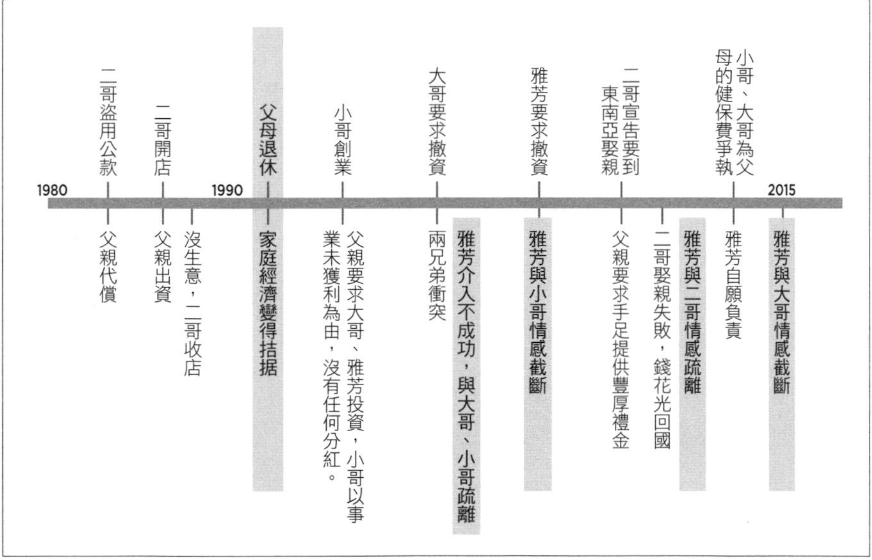

圖 15　雅芳原生家庭重大事件時間表

由繪製家族圖及訪談父親中，雅芳發現，她的祖父也是這樣介入孩子們的生活，父親終究也與他的手足疏離。原來自己與原生家庭的情緒疏離與截斷，只不過是整個家族互動慣性在她這一世代的版本，而這樣的慣性可以溯及上一代。下一代不自覺的複製上一代的互動模式，是包文所說的跨代傳遞。看懂之後，雅芳對父親的行為多了些諒解。

繪製家族圖、訪談上一代、繪製重要事件時間表、回家與父母、手足直接互動，然後應用包文理論去分析家庭互動模式，有助我們瞭解自己習以為常的慣性回應，進而擬定改變計畫。

自我檢視

- 試著繪製你自己的家族圖與家庭重要事件時間表。

- 請描述跨代重複出現的互動模式。

20

修復家庭關係

無論現在的家庭關係如何，改善是可能的，而且最好從自己開始。

家庭系統論是諮商理論，也是指引個人自我成長的理論。這個理論的其中一項重要價值是，讓我們看見修復家庭關係的契機，在關係中製造出來的問題，可以在關係中修復。一旦有能力以不委屈自己的方式與家人和諧相處，自然也可以應用相同的道理，改善職場和朋友圈等其他場域的人際關係，成為更好的自己。

包文建議我們透過再次嘗試與家人建立理想關係，達到提升自我分化的目標。因此，藉由家族圖以及重要事件時間表瞭解原生家庭的互動模式之後，接著就是擬定修復關係的行動步驟。在與家人應對的過程中尋找更成熟的互動方式。歸納相關書籍文獻，筆者整理出四個行動步驟：一、修正心態，確立目標；二、覺察情緒，

圖 16　修復關係的行動步驟

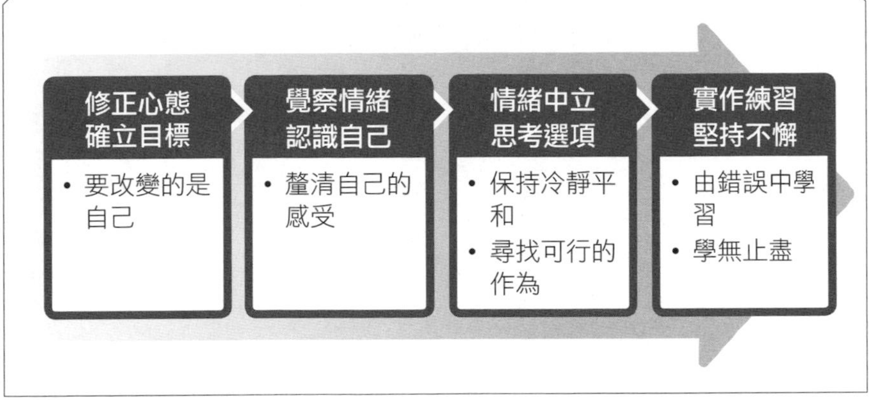

認識自己；三、情緒中立，思考選項；以及四、實作練習，堅持不懈。

修正心態，確立目標

雖然關係中的人際互動總是有來有往而相互影響，但決心修復家庭關係時，請謹記：個人有機會改變的對象只有自己，目標是成為更好的自己。

修復關係是重拾自己的責任，再次重做自己沒有做好的功課。家人可能因為我們的作為而改變，但那只是提升自我分化的附加好處。與家人互動，首要原則是把心思放在自己可以有所作為之處，包括：覺察自己的情緒，辨識情緒從何而來，思考可以有的回應選項，試驗不同作為並觀察成效，懷抱只要練習終將有所進步的信心。

如果以期待家人改變為目標，急著告訴家人「問題在哪裡，應該如何相處……」，不斷對家人提出「忠告」，或期待家人「如果在乎我，就該為我改變」，計較著「為什麼改變總是要由自己開始」，或是對家人訴說過去自己遭受的委屈，都是將修復關係的責任推給對方。如果懷抱這樣的心態，容易再度陷入相互指責的惡性循環。

覺察情緒，認識自己

在互動中練習精確地覺察自己的感受，更深刻地認識自己。

與家人互動產生負面情緒時，先想辦法暫停任何慣性回應。深呼吸，然後像電影中的慢動作，查看自己內心深處的感受。仔細覺察自己的情緒：是氣憤？委屈？悲痛？不耐？盡可能精確地辨識。如果對方不讓自己有喘息機會，可以平和告知

「我需要冷靜一下」，然後從容不迫的暫時離開現場。接下來，請思考對方說了什麼、做了什麼，因而觸動這樣的感覺？類似的場景以前經歷過嗎？這種情況經常重複發生嗎？自己的情緒反應是否出現一種固定模式？

向內觀看的練習不但有益認識自我，這個動作本身也有鎮定撫平情緒的效果。當一個人開始認真覺察自己的感覺，思索觸發這種感覺的緣由時，理性升起，大腦中的理智系統活化，接掌原先可能已被情緒系統劫持的大腦運作。覺察自己的感覺時，無須否定負面感受，如嫉妒、怨恨、羞愧、失望、厭煩等等，唯有接納它，才有機會釐清背後的脈絡。

情緒中立，思考選項

覺察、接納自己的感覺，不代表後續的行為反應可以被情緒主宰。有意識的處理自己的感覺，才能以深思熟慮的方式回應。覺察自己的感受後，給自己一點時間，冷靜處理這些感覺，為自己的行為反應負責。有意識處理感覺的方式很多，重新框視問題是一個好方法。如果家人冒犯自己，覺察自己的感受後，可以思索對方行為背後的脈絡，是誤解？或是無心？視家人的冒犯為無心之舉，反映的是他內心的焦慮，就可以平心靜氣的認定他在焦慮狀態的言語、行為，只是他的情緒垃圾，自己不需要隨之起舞，沒必要成為他人宣洩情緒的受害者。

互動時冷靜深思，先抑制自己過去習慣性的衝動反應，把精力用在思考「現在能做什麼？哪些是自己可以掌控的？」努力尋找有建設性的言語和行為反應，不自我批判，也不責備他人。清楚表達自己的立場和想法，但不強迫他人接受自己的想法。思考過後的行動比感情用事的反應，更能改善互動關係。提升自我分化，就是不斷練習覺察情緒的歷程，擴充可行的行動選項。

實作練習，堅持不懈

回家與家人相處，嘗試與過去不同的反應後，關係未必能立刻改善。認定「自己已經盡最大努力」，或「這段關係永無改善之日」，都是有礙自我成長的迷思。

事實上，與他人互動，永遠可以掌握自己可以控制的部分，讓事情有所轉變。如果自己嘗試的作為沒有獲得預期反應，那就從錯誤中學習，下回嘗試不同做法，而不要因失敗停下腳步。

「學習」是人生不間斷的功課，敞開心胸尋找新的做法、閱讀書籍、聆聽建議，警惕自己不要重蹈覆轍，由失敗獲取教訓，由成功吸取經驗。一旦成功經驗累積到一定程度，你也就能越來越相信自己的判斷。當自己能確實提升自我分化，剩下的就是耐心等待，家庭關係需要時間去適應改變，請讓家人以他們自己的步調逐漸提升。

以雅芳為例，面對父親無止盡的抱怨，她覺察自己內心的感受，發現自己有許多的無奈與不捨，其中最讓自己心痛的是無力感：「無法讓母親不簽賭；無法讓哥哥們爭氣一點，不要再讓父母擔心」，也是這種自認沒有能力幫助這個家庭改變現狀的痛苦，讓她選擇保持距離。以往沒做好這項功課，日後雅芳成立自己的家庭，一與先生發生衝突，面對相似的無力感，她便下意識繼續採用過去無效的慣性作為。

回到原生家庭，再次面對過去沒做好的課題，雅芳思索要怎麼做才能保持情緒中立，去三角化。過去雅芳曾經直接介入，「勸告母親不要再簽賭，勸說父親兒孫自有兒孫福，不要再為孩子們擔心，或為了讓父母寬心，直接提供金錢資助」，最終卻不堪負荷，逃離原生家庭。現在的首要之務，是檢視前車之鑑，尋找新方法。

雅芳嘗試的其中一個方法是「重新框視問題」。對於父親的抱怨，她嘗試不再以「父親就是這樣的人」的角度來看，不再把「抱怨」視為父親的個人「特質」，不再認為父親「意圖」把自己三角化。她重新正視「抱怨」是父親面對焦慮的反應，是父親在傾倒情緒垃圾，自己沒必要承接這樣的情緒，並因此痛苦。

冷靜之後，接下來她思索的是，如何以「不自我批判，不責備他人」的方式表達自己的想法。

雅芳想像父親的焦慮，試著理解他的心情。

看著年邁的父親，她問，「您今年幾歲了？」

父親詫異的面對似乎與談話主題無關的發問，「虛歲八十九囉！你不知道我那麼老？」

她再問：「那二哥幾歲了？」

父親停下來算算，似乎沒想過這個問題，「應該六十好幾了吧！」

雅芳想像自己對女兒的關心，或許也會持續一輩子。雅芳感恩的回應父親，「您辛苦了！都要九十歲了，還在為六十多歲的孩子操心。」

只見父親靜默片刻，若有所思。雅芳也停頓下來，讓父親有時間消化訊息，才說出自己的想法：「我真希望您能享清福，快樂過活。」就這麼結束話題。沒有勸告、沒有介入，只是以提問協助父親思考現況，然後表達自己對父親的關心。

這樣的回應能不能改變雅芳的父親，沒人能確定。但對雅芳而言，願意嘗試新作為，思考其他選項，重新框視問題，讓她能平心靜氣地面對父親的焦慮，設定自己的情緒界限。雅芳願意自我改變的努力，已經讓她往提升自我分化的方向前進。

下一次回家時，雅芳離去前，照往例奉上侍親費，父母推辭拒收，「不想讓你回來總是拿錢給我們，可以純粹只是回家看我們就好」。回程途中，雅芳重新檢視這次的相聚，驚覺父母竟然沒有對她「訴苦」。或許父母並沒有期待雅芳把家庭問題往肩上扛，「回家」可以單純的只是因為「想念」。

自我檢視

回想上一次與家人的衝突。

- 請描述互動過程。

- 請盡可能精確描繪你的感覺。

- 描繪當時你如何處理這樣的情緒，以及後續的行為是什麼？

- 如果重來一次，你可以如何處理這樣的感覺？如何回應對方？

〈結語〉

愛的極致表現

當一個人受困於家庭關係當中，為關係所苦。追根究柢，是他還不夠認識自己，無法覺察、管理自己的情緒，無法在與家人相處時設立適當的界限，因而不是成為家人的負擔，就是讓家人成為自己的束縛。這樣的人，也就是包文所稱自我分化低落的人。

為關係所苦的人，不是把生命用來瞭解自己的特質，接納不完美的自己，努力經營自己，把自己的特點用對地方，以發揮最大潛能，而是把心思放在他人身上。幼時渴望父母和手足的關愛與親近，長大後則期待伴侶和孩子的愛、認可與依附。不務實的認定「愛我就該懂我，讓著我，配合我」，期待落空就情緒性的責備、控訴、哭鬧，又或者是情緒性地以拒絕、怒斥回應家人的期待。

愛變成了束縛。

伴侶間的問題在有了下一代之後，經常牽扯孩子形成三角關係。伴侶一方或雙方把自己對愛的渴求，轉移到孩子身上，期待以親子之愛彌補自己的空虛，或期待藉由對孩子的關愛，找到雙方能並肩作戰的話題。這樣的關愛，讓父母與孩子的情緒相互糾結。愛變成孩子的負擔，孩子背著沉重的包袱無法高飛。

這種由情緒主導的愛終將帶來傷害，成為難以承受的關係。包文不談愛而談關係，就是希望我們在追尋舒適自在的理想關係時，把焦點放在如何與對方互動，理性與感性兼容並具。

自我分化程度高的人會如何表現「愛」？

以包文的理論而言，**努力成為最好的自己，就是愛的極致表現**。不同於一般人把愛定義為給予、奉獻、同理等關注在對方身上的詞彙，包文要我們把眼光轉回來聚焦在自己身上。當一個人與父母、伴侶、手足、孩子互動時，願意承擔自己應盡的責任、覺察自己的情緒、保持情緒中立、致力於尋找合宜的回應方式，並保持持續學習的開放胸襟，相處的對方自然能感覺到被愛與被尊重。

即使目前所處的關係並不理想，只要關係中有一人願意主動開始成為更好的自己，修復關係必然指日可待。

本書的完成要感謝黃靖卉總編輯，當我們認定完成本書是一件重要的工作之後，她陪我一路走來，看稿、給建議、聯絡大小事，用她的專業支援本書完成。江文賢博士是包文理論方面的權威，願意審定本書，過程中的對話讓我受益良多。我的家人，尤其是女兒曾敏，持續閱讀本書草稿給我回饋，並幫忙畫初版封面的圖，讓我備感溫暖。

在撰寫本書的過程中，我除了盡可能地閱讀包文理論相關著作，謹慎詮釋文獻資料外，也不斷在生活中試驗實踐情緒中立的互動，與家人的關係也獲得大小不等的改善。學無止盡。成為更好的自己是一生的功課。與翻閱此書的你，共勉之。

（全文完）

〔主要參考書籍〕

- M. Bowen (1978). *Family therapy in clinic practice*. New York: Jason Aronson Book.
- M. E. Kerr, & M. Bowen (1988). *Family evaluation: An approach based on Bowen Theory*. New York: Norton & Company.
- 江文賢，田育慈（2016 譯）。解決關係焦慮：Bowen 家庭系統理論的理想關係藍圖。台北：張老師文化。
- 基督徒救世會（2012 譯）。家庭評估與會談技巧。台北：啟示出版。
- 劉瓊瑛（2011 譯）。家族治療。台北：紅葉出版社。

國家圖書館出版品預行編目資料

修復關係,成為更好的自己：Bowen家庭系統理論與案例詮釋 / 邱淑惠著. -- 二版. -- 臺北市：商周出版：英屬蓋曼群島商家庭傳媒股份有限公司城邦分公司發行, 2023.01
面； 公分. -- (遊藝。療心；4)
ISBN 978-626-318-499-2(平裝)

1.CST: 家族治療 2.CST: 家庭關係

178.8 111018453

遊藝。療心 4

修復關係，成為更好的自己【修訂版】：

Bowen家庭系統理論與案例詮釋

作　　者／邱淑惠　博士
審　　定／江文賢　博士
企劃選書／黃靖卉
責任編輯／黃靖卉

版　　權／吳亭儀、江欣瑜
行銷業務／周佑潔、林詩富、賴玉嵐、吳淑華
總 編 輯／黃靖卉
總 經 理／彭之琬
事業群總經理／黃淑貞
發 行 人／何飛鵬
法律顧問／元禾法律事務所王子文律師
出　　版／商周出版
115 台北市南港區昆陽街 16 號 4 樓
電話：(02) 25007008　傳真：(02)25007759
E-mail：bwp.service@cite.com.tw
發　　行／英屬蓋曼群島商家庭傳媒股份有限公司城邦分公司
115 台北市南港區昆陽街 16 號 8 樓
書虫客服服務專線：02-25007718；25007719
服務時間：週一至週五上午 09:30-12:00；下午 13:30-17:00
24 小時傳真專線：02-25001990；25001991
劃撥帳號：19863813；戶名：書虫股份有限公司
讀者服務信箱：service@readingclub.com.tw
城邦讀書花園 www.cite.com.tw
香港發行所／城邦（香港）出版集團
香港九龍土瓜灣土瓜灣道 86 號順聯工業大廈 6 樓 A 室 _ E-mail : hkcite@biznetvigator.com
電話：(852) 25086231　傳真：(852) 25789337
馬新發行所／城邦（馬新）出版集團【Cite (M) Sdn Bhd】
41, Jalan Radin Anum, Bandar Baru Sri Petaling, 57000 Kuala Lumpur, Malaysia.
電話：(603) 90563833　傳真：(603) 90576622　Email：services@cite.my

封面設計／斐類設計工作室
版型設計與排版／林曉涵
印　　刷／中原造像股份有限公司
經 銷 商／聯合發行股份有限公司　新北市 231 新店區寶橋路 235 巷 6 弄 6 號 2 樓
電話：(02) 29178022　傳真：(02) 29110053

■ 2019 年 5 月 28 日初版
■ 2024 年 6 月 25 日二版 1.6 刷
Printed in Taiwan
定價 320 元

城邦讀書花園
www.cite.com.tw

 ISBN 978-626-318-499-2

廣	告	回	函
北區郵政管理登記證			
北臺字第000791號			
郵資已付，免貼郵票			

115 台北市南港區昆陽街16號4樓

英屬蓋曼群島商家庭傳媒股份有限公司城邦分公司 收

請沿虛線對摺，謝謝！

書號：BUF004　書名：修復關係，成為更好的自己【修訂版】　編碼：

請於此處用膠水黏貼

商周出版

讀者回函卡

感謝您購買我們出版的書籍！請費心填寫此回函卡，我們將不定期寄上城邦集團最新的出版訊息。

線上版讀者回函卡

姓名：＿＿＿＿＿＿＿＿＿＿＿＿＿＿＿＿ 性別：□男 □女

生日：西元＿＿＿＿＿＿年＿＿＿＿＿＿月＿＿＿＿＿＿日

地址：＿＿＿＿＿＿＿＿＿＿＿＿＿＿＿＿＿＿＿＿

聯絡電話：＿＿＿＿＿＿＿＿＿＿ 傳真：＿＿＿＿＿＿＿＿＿＿

E-mail ：

學歷：□ 1. 小學 □ 2. 國中 □ 3. 高中 □ 4. 大學 □ 5. 研究所以上

職業：□ 1. 學生 □ 2. 軍公教 □ 3. 服務 □ 4. 金融 □ 5. 製造 □ 6. 資訊
□ 7. 傳播 □ 8. 自由業 □ 9. 農漁牧 □ 10. 家管 □ 11. 退休
□ 12. 其他＿＿＿＿＿＿＿＿＿＿＿＿＿＿＿＿

您從何種方式得知本書消息？

□ 1. 書店 □ 2. 網路 □ 3. 報紙 □ 4. 雜誌 □ 5. 廣播 □ 6. 電視
□ 7. 親友推薦 □ 8. 其他＿＿＿＿＿＿＿＿＿＿＿＿＿＿＿＿

您通常以何種方式購書？

□ 1. 書店 □ 2. 網路 □ 3. 傳真訂購 □ 4. 郵局劃撥 □ 5. 其他＿＿＿＿

您喜歡閱讀那些類別的書籍？

□ 1. 財經商業 □ 2. 自然科學 □ 3. 歷史 □ 4. 法律 □ 5. 文學
□ 6. 休閒旅遊 □ 7. 小說 □ 8. 人物傳記 □ 9. 生活、勵志 □ 10. 其他

對我們的建議：＿＿＿＿＿＿＿＿＿＿＿＿＿＿＿＿＿＿＿＿

＿＿＿＿＿＿＿＿＿＿＿＿＿＿＿＿＿＿＿＿

＿＿＿＿＿＿＿＿＿＿＿＿＿＿＿＿＿＿＿＿

請於此處用膠水黏貼